Lucia Wagner OSB (Hrsg.)

Liebe zu Christus

Lucia Wagner OSB (Hrsg.)

Liebe zu Christus

Engagiert leben nach der Regel Benedikts

Vier-Türme-Verlag

1. Auflage 2003

Umschlaggestaltung: Elisabeth Petersen, München
Umschlagbild: Mauritius, Mittenwald
Gesamtherstellung: Benedict Press, Münsterschwarzach
ISBN 3-87868-288-3

Inhalt

Vorwort

Im Jahre 2002 erschien ein Buch mit dem Titel »Erneuerung oder Neugründung? – Wie Orden und kirchliche Gemeinschaften lebendig bleiben können«.[1]

Laut Vorwort richtet sich das Buch an »Ordensfrauen, Ordensmänner, Mitglieder der Säkularinstitute, und alle Christinnen und Christen, die in anderen Gemeinschaften leben und arbeiten« (S. 7). Die 11 Autoren und Autorinnen, die verschiedene Ordenstraditionen und Spiritualitäten repräsentieren, gehören einer vom Institut der Orden initiierten Gruppe an, die es sich zur Aufgabe gemacht hat, das Ordensleben theologisch zu reflektieren. Die Ergebnisse ihrer Arbeit wurden auf einem Symposium zur Diskussion gestellt.

Der nachkonziliare Erneuerungsprozeß, der alle Ordensgemeinschaften der katholischen Kirche intensiv erfaßt hat, ist ein enorm komplexer und vielschichtiger Vorgang. Das Ordensdekret »Perfectae Caritatis« (Nr. 2) gibt eine doppelte Richtung vor: ständige Rückkehr zu den Quellen und zugleich Anpassung an die jeweiligen Zeitverhältnisse. Jede Gemeinschaft soll ihre Ursprünge im Evangelium neu entdecken. Jede Gemeinschaft wird aus einer nivellierten und uniformierten Ordensspiritualität herausgerufen, um der modernen Welt auf dem vom eigenen Gründungscharisma vorgezeigten Weg zu begegnen und die je eigene Sendung darin zu leben.

Heute – nach fast vier Jahrzehnten – sind zwar einige Ordenshäuser geschlossen und viele Gemeinschaften sind kleiner geworden. Dennoch blüht das Ordensleben weiter. Dabei hat jeder Orden und jede Kongregation ihre unverwechselbare Erneuerungsgeschichte zu erzählen: Geschichten darüber, wie Gruppen vom Geist berührt zu neuen Ufern aufbrechen; Geschichten über die Neuentdeckung eigener Quellen und Traditionen; Geschichten über ein neues Netzwerk zwischen unterschiedlichen Gemeinschaften; Geschichten von großen und kleinen Schritten, die gewagt werden, um das Erkannte in das alltägliche Leben hinein zu konkretisieren. Jedes Stadium wird von theologischer Reflexion begleitet – in unterschiedlichem Maß je nach kultureller Prägung und Bildung. Dieser Erneuerungsprozeß ist heute noch lebhaft im Gang.

»Erneuerung oder Neugründung?« dokumentiert die Ergebnisse von Quellenstudien, Experimenten, reflektierten Erfahrungen und theologischen Auseinandersetzungen, wie sie in oben genanntem Symposium vorgestellt wurden, und ist somit ein wichtiger Meilenstein in der nie endenden gemeinsamen Suche nach dem Weg in die Zukunft.

Auch »Liebe zu Christus« ist die Frucht eines Symposiums – veranstaltet von der »Communio Internationalis Benedictinarum (C.I.B)«, einer Vereinigung aller Benediktinerinnen weltweit, deren Anfänge in die 70er Jahre des vergangenen Jahrhunderts zurückgehen.[2] Auf diesem Symposium, das im September 2002 in S. Anselmo, Rom, stattfand, war die theologische Reflexion der Erneuerung des Ordenslebens nicht groß geschrieben. Dennoch ist »Liebe zu Christus« der erwähnten Veröffentlichung »Erneuerung oder Neugründung?« nahe verwandt. Erstere präsentiert eine lebendige Station im Erneuerungsprozeß einer ganz konkreten internationalen und interkulturellen Ordensgruppe im Jahre 2002. Letztere bietet – im selben Jahr 2002 – aus dem deutschsprachigen Raum eine profunde und qualifizierte theologische Reflexion des Ordenslebens im allgemeinen. Das sind zwei Ströme in der Geschichte der Erneuerung der Orden, die sich gegenseitig ergänzen – und denen es gut täte, umeinander zu wissen und miteinander in Verbindung zu sein.

Máire Hickey OSB

ANMERKUNGEN

1 Claudia E. Kunz, Klemens Schaupp (Hrsg.), Erneuerung oder Neugründung. Mainz 2002.
2 Seit November 2001 trägt sie den obigen Namen.

Máire Hickey OSB

Eine Erfahrung von Erneuerung im benediktinischen Raum

Während die Gründung der Confoederatio Benedictina im Jahre 1893 durch Papst Leo XIII den Zusammenschluß der Männerkongregationen des Benediktinerordens bewirkte, blieben die benediktinischen Frauengemeinschaften ohne eine gemeinsame Struktur. Bei der Gründung war es nicht vorgesehen, daß die Frauengemeinschaften reguläre Mitglieder der Confoederatio sein sollten. Sie sind es bis heute noch nicht.

Als in den Jahren nach dem Konzil – im Vorfeld der Herausgabe des neuen Kirchenrechtes (CIC) – eine Zusammenarbeit innerhalb der Orden nötig wurde, stellten die zur Mitarbeit aufgeforderten Benediktinerinnen einen Mangel fest: sie kannten sich gegenseitig gar nicht! Es stellten sich große Unterschiede in den Ausrichtungen der Gemeinschaften heraus, die unter dem Namen »Benediktinerinnen« bekannt waren. Unterstützt vom damaligen Abtprimas und seinen Nachfolgern fingen die Frauen an, Kontakte untereinander aufzunehmen. Ziel war der Aufbau einer internationalen Vereinigung der weiblichen benediktinischen Gemeinschaften, um »die Entwicklung des monastischen Lebens für Frauen zu fördern«, wie es im Statut der C.I.B. heißt.[1]

In den Jahren danach entstand rasch ein Netzwerk von Benediktinerinnen unterschiedlicher Lebensformen. Der auffälligste Unterschied betrifft die »Klausur«. Das Gefälle reicht von jenen Benediktinerinnen, die möglichst selten das Kloster verlassen (klausuriert), bis zu denen, die in der Mission, in Gemeinden und für kranke und benachteiligte Menschen, besonders Frauen und Kinder, intensiv »apostolisch« tätig sind. Der Lebensstil der klausurierten Benediktinerinnen hat im Punkt »Klausur« viel gemeinsam mit dem der Klarissen, Karmelitinnen und Trappistinnen. Deshalb gelten diese als »kontemplative« Benediktinerinnen. Jene, die in einem starken apostolischen Engagement leben, gelten als »apostolisch«.

In den ersten Jahren ging es um die Suche nach der gemeinsamen Spiritualität, die sich aus den monastischen Quellen speist. Bald stellte sich die Frage nach der Kontemplation. Ist es sinnvoll, daß eine hohe Klostermauer erforderlich ist, um christlich-kontemplativ zu leben? Kann man überhaupt im Geist der Regel des hl. Benedikt betend und arbeitend leben, ohne auf die Kontemplation ausgerichtet zu sein?

Die Quellen des monastischen Lebens kennen die Trennung zwischen »kontemplativ« und »apostolisch« oder »aktiv«, die das moderne katholische Kirchenrecht dem weiblichen Ordensleben auferlegt, nicht. »Kontemplation« – ursprünglich verstanden – ist Geschenk. Es meint eine Art des Betens und eine Ausformung des Lebens, die Gabe des Geistes ist; jenes Geistes, der weht, wo er will.

So sah sich die C.I.B. bald dazu herausgefordert, das vorherrschende aber unzutreffende Verständnis von Kontemplation abzubauen. Nach und nach wurde klar, daß der Einsatz für dieses Anliegen nicht nur für das Leben der Benediktinerinnen Gewinn bringt. Es ist auch ein wesentlicher Beitrag zur Erneuerung und Vertiefung kontemplativen Lebens in unserer Kirche überhaupt.

Im Rahmen der regelmäßigen Veranstaltungen der C.I.B. studieren wir gemeinsam unsere Quellen und tauschen uns darüber aus. Das Symposium 2002 widmete sich dem 72. (vorletzten) Kapitel der Benediktusregel, in dem es um das Zusammenleben der Brüder (Schwestern) in der Gemeinschaft geht.

Der Schlüssel zu einem Gemeinschaftsleben, das nicht die einzelne der Gruppe opfert, sondern Reifung in Menschlichkeit und Liebe fördert, ist – laut Benedikt – die gemeinsame Ausrichtung auf einen anderen, nämlich Christus. Darin wird alle Selbstfindung, jede affektive Bindung und jede Gruppendynamik transzendiert und in einen lebenslänglichen Verwandlungsprozeß hineingeleitet. Der Raum des kontemplativen Lebens ist die Lebensordnung, die diese Ausrichtung umfassend fördert und sorgfältig schützt.

Benedikt gibt dieser Grundhaltung, die die einzelne, die in Gemeinschaft lebt, über sich selbst hinausführt auf Christus hin, einen Namen: es ist der »gute Eifer« (lateinisch: *zelus bonus*), wie er im 72. Kapitel ausgeführt wird. Er läßt sich schwer theoretisch und theologisch fassen. Eher wird er im konkreten mitmenschlichen Alltag der Gemeinschaft erfahrbar. In den Anweisungen über den Dienst des Pförtners (Kapitel 66) stellt Benedikt ein markantes Beispiel des guten Eifers vor: Indem die Pförtnerin (und sie steht hier, wie es in allen Ämterkapiteln der Fall ist, für jede Schwester, jede Christin, jeden Christen) Christus in allen Menschen, die bei ihr anklopfen, sucht, bahnt sich ihr ein innerer Weg durch ihren stressigen Alltag. Ihr geistliches Leben und Ausgerichtet-Sein auf Christus lassen in ihr Offenheit für den Fremden, Toleranz, Geduld, Sanftmut, Güte wachsen. Sie öffnet sich für das Anliegen der anderen nicht nur aus einer pflichtbewußten Höflichkeit heraus, nicht säumig und halbherzig, sondern »brennend gern« (*cum fervore caritatis*, RB 66,4).

Im Symposium der Benediktinerinnen 2002 haben wir uns über die Benediktusregel, unsere Tradition und unsere Erfahrung ausgetauscht, um dem Weg näher zu kommen, der uns dazu führt, »der Liebe zu Christus nichts vorzuziehen« (RB 72,11). *Das* ist in unserer Erneuerung und unserer Neugründung der Eckstein.

Wir hoffen, daß die hier veröffentlichen Referate des Symposiums dazu beitragen, den Christus-zentrierten Geist des benediktinischen Mönchtums in den großen Strom der Ordenserneuerung einfließen zu lassen.

ANMERKUNGEN

[1] C.I.B. Statut 2 (a).

Vom guten Eifer

Kapitel 72 der Benediktsregel

De zelo bono, quod debent monachi habere.
1 Sicut est zelus amaritudinis malus, qui separat a deo et ducit ad infernum,
2 ita est zelus bonus, qui separat a vitia et ducit ad deum et ad vitam aeternam.
3 Hunc ergo zelum ferventissimo amore exerceant monachi,
4 id est ut honore se invicem praeveniant,
5 infirmitates suas sive corporum sive morum patientissime tolerent,
6 oboedientiam sibi certatim impendant;
7 nullus, quod sibi utile iudicat, sequatur, sed quod magis alio;
8 caritatem fraternitatis caste impendant;
9 amore deum timeant;
10 abbatem suum sincera et humili caritate diligant.
11 Christo omnino nihil praeponant,
12 qui nos pariter ad vitam aeternam perducat.

Vom guten Eifer, den die Mönche haben sollen.
1 Wie es einen bitteren und bösen Eifer gibt, der von Gott trennt und zur Hölle führt,
2 so gibt es den guten Eifer, der von den Sünden trennt, zu Gott und zum ewigen Leben führt.
3 Diesen Eifer sollen also die Mönche mit glühender Liebe in die Tat umsetzen,
4 das bedeutet: Sie sollen einander in gegenseitiger Achtung zuvorkommen;
5 ihre körperlichen und charakterlichen Schwächen sollen sie mit unerschöpflicher Geduld ertragen;
6 im gegenseitigen Gehorsam sollen sie miteinander wetteifern;
7 keiner achte auf das eigene Wohl, sondern mehr auf das des anderen;
8 die Bruderliebe sollen sie einander selbstlos erweisen;
9 in Liebe sollen sie Gott fürchten;
10 ihrem Abt seien sie in aufrichtiger und demütiger Liebe zugetan.
11 Christus sollen sie überhaupt nichts vorziehen.
12 Er führe uns gemeinsam zum ewigen Leben.

Regula Benedicti/Die Benediktusregel. Lateinisch/deutsch. Hrsg. im Auftrag der Salzburger Äbtekonferenz. 2. Aufl., Beuron 1996 (RB).

Aquinata Böckmann OSB

Was ist guter Eifer für Benedikt?

Einleitung

Ziel dieses Symposiums ist es, den guten Eifer nach der Benediktsregel zu beschreiben. Was meinte Benedikt mit diesem Ausdruck? Wir fragen das heute, in einer Zeit, die erschüttert ist von bösem Eifer. Wir denken zum Beispiel an Terroristen und ihre intensive, alles vernichtende Energie, haßerfüllt und auf Zerstörung zielend; vielleicht denken wir auch an antiterroristische Aktionen, die ebenfalls unmenschlich werden können. Etwas Ähnliches wird Benedikt in der Epoche der unbarmherzigen Gotenkriege erlebt haben.

Auch das Gegenteil von Eifer ist uns nahe: So viele Menschen leben ohne große Ideale dahin, nur darauf bedacht, bequem durchzukommen. Ist Gemeinschaft etwas Begehrenswertes? Gewiß ist das der Fall in Hinsicht auf angenehme Beziehungen, gegenseitige Unterstützung, Bereicherung und Freude. Doch Werte wie Durchhaltekraft und Sich-Einbringen mit ganzer Energie scheinen abzunehmen. Für die Zeit Benedikts könnte man an Luxus, Verweichlichung und Unbeständigkeit denken. Sein und unser Verständnishorizont für »Eifer« haben in vielem Ähnlichkeit.

Es ist lohnend, einmal das Kapitel 72 in sich anzuschauen und dann erst zu sehen, wie es innerhalb der Regel und der Quellen steht. So können wir uns besser vorstellen, was der Eifer selbst und seine unterschiedlichen Facetten für Benedikt waren; dann werden wir auch seine Bedeutung für uns heute besser erkennen.

1. Das Kapitel 72 in sich
Allgemeine Bemerkungen[1]

Bevor wir uns den Elementen des guten Eifers in den Versen 3–11 zuwenden, einige Bemerkungen zu Anfang und Ende des Kapitels. Es überrascht, daß Benedikt nicht beginnt: »So wie es einen guten Eifer gibt«. Das würde dem Titel entsprechen. Er beginnt jedoch mit der Negativfolie: bitterer Eifer. Das ist für uns in der gegenwärtigen Situation gut zu verstehen: Krieg, Terror, Mißachtung des Lebens, Haß und Rache – all das mag uns näher sein als guter Eifer. Ähnlich war es wohl für Benedikt. Nach seiner Ansicht sollten unsere Gemeinschaften in ihrem guten Eifer (V. 2) Gegengewichte zum bösen Eifer in der Welt sein. Von daher die noch drängendere Frage: Was ist denn der gute Eifer nach Benedikt?

Eine weitere Beobachtung: In Vers 2 ist es der gute Eifer, der einen in Bewegung bringt, doch in Vers 12 ist es eine Person: Christus. Das ist wohl ein Hinweis darauf, daß eine Art »Motorwechsel« stattgefunden hat. Es reicht nicht der menschlich gute Eifer, und sei er auch noch so radikal. Was ist guter Eifer? Im Letzten die Person Christi, die in uns wirkt. Das schenkt uns in unserer Weltsituation einerseits Gelassenheit und Hoffnung, andererseits weist es unsere Gemeinschaften auf das eine Notwendige hin: daß Er, der Herr, in uns lebe und wirke.

Die Verse 3 und 11 bilden die Umrahmung zu den Versen 4–10. In Vers 3 wird klar, daß glühendste Liebe der Inhalt des guten Eifers ist. Es geht nicht um Eifer in der Demut, in der Observanz oder im »guten Beispiel«. Die glühendste Liebe gilt in Bezug auf die Menschen und auf Christus: ihm sollen sie überhaupt nichts vorziehen (V. 11).

Die Verse 4–10 sind kunstvoll wie ein Gedicht gestaltet. Alle Verben stehen im Plural, wobei das Verb im Lateinischen am

Schluß steht: Es geht um *alle* Mönche, außer in Vers 7; alle Verse sind positiv intensiv, außer Vers 7. Alle Verse, außer diesem einen, sagen, *wie* man etwas machen soll (Betonung auf der adverbialen Bestimmung). – Der Vers 7 paßt nicht in das Schema. Die Verse 4–6 und 8–10 gehören zusammen: Sie haben jeweils ein Wort, das sie kennzeichnet, wie Ehre, Schwäche, Gehorsam (im Lateinischen an den Anfang gestellt), Bruderschaft, Gott, Abt, und in Vers 11 das Wort Christus; die Verse 4–6 betonen die Gegenseitigkeit; in den Versen 8–10 enthält jeder Vers ein Wort der Liebe (im Lateinischen: *caritas*, *amor*, *caritas*, *diligere*). Sie und insbesondere die Verse 6 und 8 mit ihrer gleichen Ausdrucksweise (*inpendere*) umgeben Vers 7 wie einen Edelstein.

So kommen wir zum Vers 7, der die Abfolge und Harmonie des Kapitels, das sich ohne ihn sehr gut liest, unterbricht. Die Verse 6 und 8 folgen nahtlos aufeinander und sind in ihrer Form einander ähnlich. Vers 8 faßt sozusagen die Verse 4–6 zusammen in Hinsicht auf die Bruderschaft.

Wie kommt es, daß dieser Vers 7 hier steht? Ich könnte mir das spätere Hineinfügen dieses Satzes in die Mitte des Kapitels etwa folgendermaßen vorstellen: Die Mönche mögen ihrem Abt Benedikt gesagt haben: »Alles, was du hier schreibst, ist wichtig und gut! Aber kannst du uns sagen, was glühendste Liebe konkret bedeutet? Wie sollen wir den guten Eifer in dieser oder jener Situation betätigen?« Und Benedikt würde schließlich aus seiner Erfahrung heraus dieses Instrument der guten Werke in die Mitte seines Testamentes setzen: »Keiner soll dem, was er für sich als nützlich erachtet, folgen, sondern dem, was mehr dem anderen nützt.« Wenn jeder Einzelne das tut, braucht man sich nicht viel darum zu sorgen, ob man den guten Eifer praktiziert. Es heißt: »was dem anderen Nutzen bringt«, d.h. was ihm hilft auf dem Weg zu Gott, was ihn in seinem Mensch- und Christsein wachsen läßt. Es ist nicht das, was ihm angenehm ist.

Für einen jeden ist hier ein Weg angezeigt, der vom eigenen Ich wegführt und den anderen zum Zentrum macht. Das ist ein über sich Hinausschreiten, ein Transzendieren. Wie radikal der Satz ist, ging mir erst auf durch die Reaktion eines Novizen, dem ich diesen Vers zu erklären versuchte. Er wurde blaß und sagte auf meine Frage, ob es ihm nicht gut sei: »Dann bleibt ja nichts mehr für mich.« Ja, genau so radikal ist es! Nichts für mich, aber alles wird mir geschenkt. Es bedeutet nach dem Wort Jesu, sein eigenes Leben zu verlieren, um es zu gewinnen (Mk 8,35f) oder wie das Weizenkorn mit ihm zu sterben (Joh 12,24). Sogar bei allem Tun des Guten könnte ich schließlich noch im Mittelpunkt stehen und mich in Taten der Liebe beweisen wollen. Hier will man nicht mehr die Temperatur des eigenen guten Eifers messen, sondern vergißt sich in dem Sich-Ausstrekken auf das Wohl des anderen.

Ich würde diesen Vers 7 als Benedikts praktisches Testament bezeichnen. Er fordert jeden seiner Mönche auf, im Licht Gottes zu urteilen und abzuwägen, was dem anderen von Vorteil ist. Der Vers stellt ein Kriterium für die anderen Instrumente dar, z. B. Ehrfurcht voreinander, Geduld miteinander, Gehorsam gegeneinander: eben so, wie es für den anderen gut ist. Er ist auch ein Kriterium der monastischen Tugenden, wie z. B. des Schweigens, der Askese und Disziplin innerhalb einer Gemeinschaft.

Vers 7 steht in Beziehung zum Anfang: Bitterer Eifer (V. 1) wäre dann konkret: immer suchen, was mir materiell oder spirituell nützt. Dagegen wäre guter Eifer (V. 2) die liebende Ausrichtung auf das Wohl des anderen. Im Hinblick auf Vers 11 kann ich fragen: »Was ziehe ich Christus vor?« Ist es nicht oft das, was zu meinem eigenen Nutzen gereicht? So beschreibt Vers 7 eine konkrete Weise der Orientierung auf Christus hin. Beide Verse (7 und 11) sind ähnlich radikal. Der Zusammenhang von Vers 7 mit Vers 12 macht klar, daß es nicht darum gehen kann, ein Gemeinschaftsmitglied (*alius*) so zum Mittelpunkt meines Denkens und Tuns zu machen, ihm/ihr so zu helfen, daß er/sie sich isoliert von der Gemeinschaft oder die Gemeinschaft auf dem Weg zum Ziel behindert. Es ginge darum, den anderen möglicherweise zu tragen, so daß alle gemeinsam ankommen. In der Betrachtung des Verses 7 im Zusammenhang mit den Versen 11 und 12 wird etwas Weiteres klar: »Nützlich« ist, was im anderen Christus wachsen läßt, so daß wir alle gemeinsam uns führen lassen von ihm (vgl. die Bedeutung der Profeß). Aber durch den Subjektwechsel in Vers 12 wird auch deutlich, daß es für jeden darum geht, dem Wirken Christi in sich Raum zu geben, daß Er in uns wachse. Es ist praktisch Christus, der in mir dem folgt, was dem anderen nützt, der mich von innen führt und immer wieder auf die anderen hin öffnet. Mein eigener guter Eifer kann diese Radikalität nicht vollbringen.

So ist das Kapitel folgendermaßen geschrieben:

A 1 Wie es einen bösen Eifer der Bitterkeit gibt, der von Gott trennt und zur Hölle führt,	 2 so gibt es einen guten Eifer, der von den Sünden trennt und zu Gott und zum ewigen Leben führt.

3 Diesen Eifer also sollen die Mönche mit glühendster Liebe betätigen.

B 4 Das heißt: in gegenseitiger Achtung sollen sie sich überbieten,
5 ihre leiblichen und sittlichen (charakterlichen) Schwächen sollen sie mit größter Geduld aneinander ertragen,

6 den Gehorsam sollen sie einander im Wetteifer erweisen;

C 7 keiner soll dem, was er für sich als nützlich erachtet, folgen, sondern dem, was mehr dem anderen nützt;

B' 8 die Liebe der Bruderschaft sollen sie einander selbstlos erweisen.

9 In Liebe sollen sie Gott fürchten.
10 Ihren Abt sollen sie in aufrichtiger und demütiger Liebe lieben.

A' 11 Christus sollen sie überhaupt nichts vorziehen,

12 der uns alle gemeinsam zum ewigen Leben führen möge.

Die Verse 1–3 korrespondieren mit den Versen 11–12 (A – A'). Sie geben das Fundament bzw. die daraus folgenden Hauptimperative an, die Verse 2 und 12 sind einander ähnlich und bilden eine »Inklusion«, nur daß Vers 12 verstärkt, Christus selbst führt, er führt uns zusammen, es ist als Gebet ausgedrückt (*perducat*): »Er möge uns klar führen«, und zwar nicht zu Gott, – weil wir schon in Gott sind, wenn wir mit Christus sind (eine Art Christologie *in nuce*, in einer Nußschale); – sondern zum ewigen Leben; dieses jedoch ist eng verbunden mit der Person Christi als Mitte. In Vers 12 wird die horizontale Dimension in die vertikale hineingenommen, das *pariter* (gemeinsam) gilt auf dem Weg zum Ziel unter der Führung Christi. Die Werkstatt des Klosters ist nicht statisch, fest umschlossen, sondern hier, in der *stabilitas in congregatione* (Beständigkeit in der Gemeinschaft; RB 4,78) eröffnet sich ein breiter Weg in das Herz des Vaters hinein, und zwar mit allen uns Anvertrauten. B und B' (Vv. 4–6 und 8–10) umrah-

men als Mitte den Vers 7 (= C) und werden von ihm erklärt oder geben ihm das Fundament.
So weit können wir kommen, wenn wir das Kapitel in sich betrachten. Ein Blick auf die Stellung von Kapitel 72 in der ganzen Regel und innerhalb der Quellen wird helfen, den guten Eifer nach Benedikt besser zu beschreiben.

2. Kapitel 72 in der Regel und nach den Quellen

Mit Recht kann man sagen, daß Kapitel 72 der Höhepunkt der Regel ist. Man könnte es auch die Tiefendimension nennen oder den Schlüssel, mit dem man die ganze Regel lesen oder besser leben kann. Im Lauf des Schreibens seiner Regel hat sich Benedikt beträchtlich weiterentwickelt. In Abhängigkeit von seiner direkten Quelle, der Magisterregel (RM)[2], legte er das Fundament in den ersten Kapiteln bis einschließlich Kapitel 7 über die Demut. Dann entfernte er sich mehr und mehr vom Magister, vor allem unter dem Einfluß der Augustinusregel, aber auch anderer Quellen. So betonte er mehr und mehr die Gemeinschaft, ebenso wie die Achtung voreinander, die Sorge um die Schwachen und die Gabe der Unterscheidung (*discretio*). Zum Schluß ist er ganz er selbst geworden und schreibt sozusagen als sein Testament das Kapitel 72 der Regel. Die Demut (RB 7) im ersten Teil ist und bleibt das Fundament, aber sie vollendet sich in der Liebe, wie schon das Ende von Kapitel 7 andeutet (vgl. RB 7,67)[3]. Es scheint bezeichnend, daß Benedikt uns am Schluß seiner Regel nicht anweist, dieses oder jenes zu tun, sondern sagt, in welcher Haltung die Mönche leben sollen. Damit öffnet er die Tür für sehr viele mögliche Konkretisierungen dieser grundsätzlichen Haltungen in Hinsicht auf Inkulturation.

Nun möchte ich die einzelnen Verse betrachten mit der Frage, wie der in der Werkstatt des Klosters gereifte Benedikt den guten Eifer verstand.

Zu den Versen 1–3: guter und böser Eifer. Das Wort *zelus* ohne Beifügung hat in der lateinischen Bibel einerseits die Bedeutung von Eifersucht, Zorn und Zank (Sir 40,4; Spr 6,34; 1 Kor 3,3), andererseits kann der Mensch aber auch für Gott eifern (Ps 69 (68),10; vgl. Joh 2,17). *Zelus* ist eine dynamische, alles durchdringende Leidenschaft im Menschen, das Gegenteil von einem müden, zaghaften, mißmutigen Dahinschlendern. In Kapitel 72 ist es eine intensive, brennende, leidenschaftliche Liebe, die sich auf das Wohl des Nächsten richtet, und gleichzeitig ist darin eingeschlossen der Eifer für Gott und Christus (Brüder und Abt mit einbezogen). Dieser gute Eifer ist sehr verschieden von dem, was die direkte Vorlage Benedikts, die Magisterregel, als guten Eifer bezeichnet (RM 92,51ff). Da geht es um Verlangen nach Ehre und um Vorzeigen von Heiligkeit und Gutsein in der geheimen Hoffnung, der nächste Abt zu werden.

Der gute Eifer wird weiter deutlich von seinem negativen Ebenbild her, dem bösen Eifer: Wenn Benedikt ihn in Kapitel 65 (V. 7) mit Neid, Streitigkeiten, Verleumdungen, Eifersüchteleien, Zwietracht und Unordnungen umschreibt (vgl. auch RB 4,65–69), dann entspricht das der patristischen Literatur und der Bibel. Paulus mahnt die Galater (Gal 4,17f), nicht im Bösen, sondern im Guten zu eifern. Die Früchte des Geistes nach Galater 5,18–26 sind den Werken des Fleisches entgegengestellt wie Streit, Eifersucht, Jähzorn, Parteiungen, Neid und Mißgunst.

Römer 12,10–18 dient als Hintergrund für den guten Eifer: »Seid einander in brüderlicher Liebe zugetan, übertrefft euch in gegenseitiger Achtung! Laßt nicht nach in eurem Eifer, laßt euch vom Geist entflammen und dient dem Herrn! Seid fröhlich in der Hoffnung, geduldig in der Bedrängnis, beharrlich im Gebet! Helft den Heiligen, wenn sie in Not sind; gewährt jederzeit Gastfreundschaft! Segnet eure Verfolger...! Seid untereinander eines Sinnes; ... bleibt demütig! ... Soweit es euch möglich ist, haltet mit allen Menschen Frieden!« Vor allem lohnt es sich, das Hohelied der Liebe in 1 Korinther 13 als Kennzeichen guten Eifers zu meditieren.

Der Bibel und Benedikt ist es gemeinsam, den guten Eifer als unbegrenzte Liebe zu Gott und dem Nächsten zu umschreiben, die sich in Ehrfurcht, Geduld, Gastfreundschaft, Selbstlosigkeit und im Verzeihen zeigt, und auf den Herrn hin gesehen im Gebet, im Vertrauen und in radikalerer Orientierung auf Gott (vgl. RB 4,1f).

Auch die einzelnen Verse von Kapitel 72 sind zuvor im Lauf der Regel als Höhepunkte bereits vorbereitet. Gleichzeitig distanziert sich Benedikt von der Magisterregel und läßt sich von anderen Traditionen inspirieren.

Vers 3: »Diesen Eifer also sollen die Mönche mit glühendster Liebe betätigen – *Hunc ergo zelum ferventissimo amore exerceant monachi.*«

Hier wird es ganz klar, daß der gute Eifer in Anlehnung an die Bibel glühendste Liebe ist, Frucht des Geistes und Gegengewicht zum bösen Eifer. Woher kommt die Glut? Ähnlich wie das weitgewordene Herz im Prolog Vers 49 (auch eine spätere Zufügung Benedikts) auf die Einwohnung Gottes oder des Geistes schließen läßt, so auch hier die glühendste Liebe. Es ist Augustinus, der von *ferventissimus* im Zusammenhang mit Liebe spricht[4], während Cassian das Adjektiv im Kontext des Gebets benutzt. *Zelus* im positiven Sinn kommt in der Benediktsregel vorher nur einmal vor (RB 64,6), wo vom Eifer für Gott gesprochen wird, aber in diesem Kontext ist es noch nicht so klar, daß Liebe gemeint ist.

Vers 4: »In Achtung sollen sie einander zuvorkommen – *Honore se invicem praeveniant.*«

Dies ist ein direktes Zitat aus Römer 12,10, wo es im Zusammenhang mit gutem Eifer und der Glut des Geistes steht (vgl. oben). – Für Benedikt ist Achtung der erste und fundamentale Ausdruck von Liebe. Es geht im Gegensatz zur Magisterregel (vgl. RM 92,51) nicht um die Ehre, die man erstrebt, sondern um Ehre, die man anderen gibt. Sich gegenseitig Ehre zu erweisen wird in der Benediktsregel in Kapitel 63,17 betont, wiewohl dort eher die Ehrfurcht gegenüber den Älteren eingefordert wurde. In Kapitel 4,8 hatte Benedikt schon ein Instrument seiner Vorlage (RM 3,8) geändert in »alle Menschen ehren« *(»honorare omnes homines«)*. Hier liegt die Betonung darüber hinaus darauf, daß man sich gegenseitig zuvorkommen soll – Zeichen des von Christus inspirierten Eifers – im Glauben, daß Christus in jedem, besonders im Kleinen, auf uns zukommt.

Vers 5: »Ihre leiblichen und sittlichen (charakterlichen) Schwächen sollen sie mit größter Geduld aneinander ertragen – *Infirmitates suas sive corporum sive morum patientissime tolerent.*«

Die Benediktsregel schildert ein weites Feld menschlicher Schwächen, sowohl körperlich, als auch charakterlich sowie moralisch (z. B. RB 28,5). Der Magister bringt die menschliche Schwäche mit Faulheit zusammen (z. B. RM 1,67; 7,10). Dagegen zeigt Benedikt im Anschluß an die Bibel ein barmherziges Verhalten, das auf Heil und Heilung des anderen bedacht ist. Im ersten Thessalonicherbrief (5,14) heißt es: »Nehmt euch der Schwachen an und seid geduldig zu allen«, im Galaterbrief (6,2): »Einer trage des anderen Last.« Die Schwächen »in größter Geduld« (*patientissime*) zu tragen, das ist für einen ehemaligen Eremiten bei Cassian ein Grund, zur Gemeinschaft zurückzukehren und dort die Vollkommenheit zu erstreben (Coll. XIX,9,1)[5]. Einander geduldig zu ertragen ist auch Teil von Freundschaft (Coll. XVI,7,27). Solche Geduld im gegenseitigen Ertragen ist dem blutigen Martyrium ebenbürtig. Wenn die Starken die Schwachen tragen, so Basilius, dann helfen sie, die Schwächen wegzunehmen (*portare – exportare*, vgl. Reg. 177f)[6]. Wir weiten unsere Herzen durch die Liebe, die alles geduldig erträgt (Cassian, Coll. XVI,7,27). Die Geduld steht auch in den neutestamentlichen Briefen im Zusammenhang mit dem guten Eifer der Liebe (1 Kor 13,4; Röm 12,12; 1 Petr 2,20.24): Jesus Christus selbst ist das Vorbild, das Lamm Gottes, das die Sünde der Welt trägt und so wegnimmt (*qui tollis*)[7]. Sicher bilden die Verse 4 und 11 aus Jesaja 53 den Hintergrund.[8] – Die Geduld gegenüber den Schwächen betonte Benedikt in seiner Regel schon vorher im Umgang mit den Kranken (RB 36,5), aber hier in Kapitel 72 soll sie von beiden Seiten praktiziert werden, gegenseitig. Jeder hat irgendwelche Schwächen, und sie treten in der Werkstatt des Klosters oft sehr stark hervor. Das tägliche Gemeinschaftsleben wurde schon früh Feuerofen Babylons genannt. Darin ist Geduld die Alltagsform der Liebe, des guten Eifers.

Vers 6: »Den Gehorsam sollen sie im Wetteifer einander erweisen – *Oboedientiam sibi certatim inpendant.*«

Der erste Petrusbrief spricht in 1,22 vom Gehorsam der Liebe, sonst gibt es zu diesem Vers keine direkte Quelle in der Bibel oder in monastischen Texten. Es ist besonders kennzeichnend für Benedikt selbst, daß er den Gehorsam so ausweitet. Der gegenseitige Gehorsam wurde im vorhergehenden Kapitel 71 angesprochen, praktisch aber wurde in den Versen, die dann folgen, das Verhältnis zu den Oberen und Älteren beschrieben. Das wetteifernde einander Gehorchen unterscheidet sich vom

Wetteifer in der Demut, den Pachomius empfiehlt[9], und vom Wettlauf in der Ehre nach der Magisterregel (RM 22,11; vgl. 92,2.49). Der Magister hatte gesagt, man solle allen Guten aus ganzem Herzen gehorchen (RM 3,76). Benedikt scheint überzeugt zu sein, daß jeder in der Gemeinschaft (sei er heilig oder nicht) Vermittler des Willens Gottes werden kann. Der Glaube daran und das entsprechende Tun ist zu sehen als Einübung und Konkretisierung der Liebe zueinander und der Liebe zu Christus. Guter Eifer!

Vers 7: »Keiner soll dem, was er für sich als nützlich erachtet, folgen, sondern dem, was mehr dem anderen nützt – *Nullus quod sibi utile iudicat sequatur, sed quod magis alio.*«

Der Philipperbrief (2,4) fordert dazu auf, daß jeder nicht nur auf das eigene Wohl achte, sondern auch auf das der anderen. 1 Korinther 10,24 mahnt, nicht an sich selbst, sondern an die anderen zu denken. Kurz danach stellt sich Paulus in diesem Zusammenhang selbst als Vorbild hin: »Ich suche nicht meinen Nutzen, sondern den Nutzen aller.« (1 Kor 10,33) Wir lesen in 1 Korinther 13,5: »Die Liebe sucht nicht, was das Ihre ist.« Diese Haltung ist nach Cassian, der sich auf diese Texte bezieht, Konkretisierung der apostolischen Liebe (Coll. XVII,19,7; vgl. Basilius, Reg. 3,5; 12,11; 82,4). Pseudobasilius[10] warnt: »Tue nicht das, was dir nützt, sondern das, was einem anderen nützlich ist.« Im Sinn des Basilius ist guter Eifer orientiert auf die Erbauung anderer. Es ist nach der Bibel und den Vätern klar, daß dies der Weg Christi ist, der sich selbst entäußerte und ganz für uns lebte und starb (vgl. Phil 2,6–11).

Vers 7 hat kaum Vorgänger in der Benediktsregel, wenn man ihn als Ganzes in sprachlicher Hinsicht betrachtet, jedoch macht ein Wortvergleich innerhalb der Regel klar, daß das Urteilen (*iudicare*) im Allgemeinen sonst dem Abt zugeordnet wird und ein inneres Abwägen und Beachten der verschiedenen Seiten voraussetzt (vgl. RB 3,2.5; 65,14), daß weiter das »Folgen« (*sequi*), wenn von Personen ausgesagt, in qualifizierter Weise gebraucht wird vom Gehorchen und Nachfolgen (z. B. RB Prol 17; 3,7ff; 5,8), besonders in RB 4,10: »um Christus zu folgen« (*ut sequatur Christum* – gleiche Verbform wie in RB 72,7). Das Wort »nützlich/vorteilhaft« (*utile/utilitas*), bezeichnet das Gemeinwohl und die spirituelle Fruchtbarkeit der Einzelnen (vgl. RB 7,18; 3,2; 42,4; 65,12).

In diesem Vers schenkt Benedikt den Mönchen Spielraum und traut ihnen zu, abzuwägen, was dem anderen wirklich von Nutzen ist. Deutlicher wird aus den Quellen, daß dies ein Hineingehen in Christi Weg ist. Dies ist der gute Eifer der Liebe, in seiner ganzen Dynamik!

Vers 8: »Die brüderliche Liebe sollen sie einander selbstlos erweisen – *Caritatem fraternitatis caste impendant.*«

»Die Liebe der Bruderschaft« (so wörtlich) ist in Texten des Neuen Testaments zu finden: Röm 12,10; 1 Petr 1,22; Hebr 13,1 und 1 Thess 4,9. *Castus* steht hier für »keusch« in seiner weiteren Bedeutung, insbesondere für selbstlos, nicht nur für keusch im sexuellen Bereich. Caesarius bittet in seinem Testament[11] einen Priester, den Nonnen eine keusche Liebe zu erweisen (*castum amorem impendat*), womit er eine selbstlose, hochherzige Liebe meint. Auch Augustinus umschreibt mit *castus* eine Liebe, die auf den Partner als Person und nicht auf sein Geld zielt.[12] So ist Vers 8 in Kapitel 72 sozusagen eine Verdoppelung des Verses 7.

Dies ist in einigen Begriffen und in seiner Sinnrichtung in der Benediktsregel schon angedeutet durch die Verwendung des Wortes *caritas* (z. B. RB 35 und 64–66) und die Betonung der Bruderschaft, die am Altar während der Profeß beginnt (z. B.

RB 58,23), und wird schließlich vorbereitet durch den Gebrauch von *caste* im Sinn von selbstlos (RB 64,6). All das fand Benedikt nicht in der Magisterregel, sondern in der eigenen Erfahrung im Rückgriff auf Bibel und Tradition. Selbstlose, unvoreingenommene Liebe der Geschwisterlichkeit ist guter Eifer.

Vers 9: »Sie sollen Gott in Liebe fürchten – *Amore Deum timeant.*«

Wir können hier an die biblische Gottesfurcht denken, die die Liebe einschließt (vgl. Dtn 6,2–5; Jes 11,2). Es ist in der Tradition bezeugt, daß die knechtische Furcht langsam verschwindet und der Furcht eines Sohnes (*timor filialis*) Platz macht, die mit Liebe gekoppelt ist. In Kapitel 72 ist die Furcht selbst gereinigt und zu einem Zeichen der Liebe geworden (vgl. Cassian, Coll XI,11–13). Die liebende Furcht betont Augustinus.[13]

Vers 9 ist durch den Schluß von Kapitel 7 der Benediktsregel vorbereitet. In den Versen 67–69 wird die Furcht (*timor*) ausgetrieben, und die Liebe übernimmt die Leitung. Es wurde jedoch noch nicht von Furcht in Liebe als Einheit gesprochen. Somit ist dieser Vers in seiner präzisen Fassung ein Höhepunkt der Benediktsregel und zeigt die vertikale Verankerung des guten Eifers.

Vers 10: »Ihren Abt sollen sie in aufrichtiger und demütiger Liebe lieben – *Abbatem suum sincera et humili caritate diligant.*«

Hierzu gibt es kaum eine Parallele in der monastischen und biblischen Literatur. Man findet den starken Ausdruck »in Liebe lieben« (*caritate diligere*) besonders bei Augustinus. Der ganze Vers 10 wird aus der eigenen Erfahrung Benedikts kommen. Dabei kann die Wahl des Wortes »*diligere*« statt »*amare*« unterstreichen, daß es sich um einen Willensakt handelt, nicht um einen Elan des Herzens. Die Liebe in dieser Weise baut auch den Abt auf, so daß er Christus mehr sichtbar machen kann. – Daß man den Abt lieben soll, wurde in der Regel von Kapitel 63,13 und 64,11.14 vorbereitet, wo es heißt, daß der Abt seinerseits die Brüder lieben und ihnen in Liebe helfen soll. In der Magisterregel galt es dagegen, den Abt zu fürchten (vgl. RM 7,64; 11,6). Benedikt konnte sich bei seiner Änderung auf die Regel des Augustinus stützen.[14] Auch die Abfolge im Kapitel, die Brüder und dann den Abt betreffend, entspricht der Augustinusregel. Dieser Vers erinnert uns daran, beim guten Eifer in unserer klösterlichen Werkstatt nicht die Oberen zu vergessen.

Vers 11: »Christus sollen sie überhaupt nichts vorziehen – *Christo omnino nihil praeponant.*«

Dieser Text stammt aus der Vaterunser-Erklärung des Cyprian. Doch hatte dieser gesagt: »Christus überhaupt nichts vorziehen, weil auch er uns nichts vorgezogen hat.«[15] Benedikt betont lediglich unsere Antwort auf die zuvorkommende Liebe Christi. Das entspricht dem »Genus« der Regel. Vom Vokabular sind wir wieder nahe bei Augustinus, der öfter davon spricht, Christus nichts vorzuziehen. – In Kapitel 4,21 hatte Benedikt mit der Magisterregel betont: »nichts der Liebe Christi vorziehen«; jedoch heißt es hier: »überhaupt nichts Christus vorziehen«. Das könnte darauf hinweisen, daß der Anfangsenthusiasmus für Christus sich vertiefen muß, durch Krisen und Schwierigkeiten hindurch, so daß die Liebe glühender und radikaler wird. Auch ist es Benedikt eigen, die Priorität der Liturgie ähnlich auszudrücken: Nichts soll dem Gottesdienst vorgezogen werden« (»*nihil Operi Dei praeponatur*«, RB 43,3). Die Radikalität der Christusliebe soll sich im Eifer für den Gottesdienst zeigen (vgl. auch RB 58,7).

Vers 12: »(Christus), der uns alle gemeinsam zum ewigen Leben führe – *qui nos pariter ad vitam aeternam perducat.*«

Während der Weg des Mönches im Prolog und in den ersten Kapiteln als Einzelweg sehr betont wird, wird nun deutlich, daß es ein Weg ist, der gemeinsam (*pariter*) gegangen wird. Prolog 21 konnte lediglich durch den Plural zeigen, daß man vermutlich in Gemeinschaft »unter der Führung des Evangeliums seine Wege« geht. Das gemeinsame Laufen beginnt sozusagen am Profeßaltar, wo man Bruder bzw. Schwester wird, verantwortlich für das Heil, den »Nutzen« des anderen und nur gemeinsam oder gar nicht am endgültigen Ziel ankommt.

Alles überschauend wird klar, wie sehr Benedikt als Person von der Bibel, hier besonders von den neutestamentlichen Briefen geprägt ist. Kein einziges Mal gebraucht er: »Es ist geschrieben.« Die Bibel fließt ganz natürlich in seine Schreibweise ein; sie ist so nah, daß er sich nicht eigens um genaue Zitation bemühen muß. Trotz aller Abhängigkeit von patristischen Quellen, besonders von Augustinus (Vokabular der Liebe), wird noch mehr klar, wie Benedikt selbst dieses ganze Kapitel prägt. Und so wird man mit vollem Recht sagen können, daß er selbst zu seinem eigenen Selbst gefunden hat, dem liebenden und glühenden Herzen (RB Prol 49), dessen Mitte Christus selbst ist.

Was die Bedeutung des guten Eifers für uns heute angeht, so ist es wichtig zu sehen, daß Kapitel 72 innerhalb der Regel einen Höhepunkt an Intensität darstellt. Benedikt hat sich distanziert von seiner unmittelbaren Quelle und in Anlehnung an Cyprian, Cassian und Basilius, vor allem an Augustinus und an das Neue Testament sein innerstes Anliegen für sich selbst und auch für die Gemeinschaft gefunden und ausgedrückt. Die unbedingte Liebe, der glühende gute Eifer sind das Allerwichtigste im monastischen Leben. Von hierher erhalten die anderen Tugenden und Praktiken ihren Wert und ihr Gewicht. Das Hauptziel aller Bemühungen und das größte Geschenk der Gnade wird nun als glühendste Liebe gesehen (wobei Horizontale und Vertikale unlöslich verbunden sind). Und diese ist vollständig auf Christus ausgerichtet. Sie hat als Inhalt, im Hineingehen in Christi Weg, lediglich auf das Wohl der anderen bedacht zu sein, Christus in uns wirken und uns gemeinsam auf dem Weg zum endgültigen Ziel von ihm führen zu lassen. Dieser gute Eifer wird geübt (*exercere*, RB 72,3) in der Werkstatt des Klosters und darüber hinaus.

Wie dies Letztere geschieht, darüber spricht die Regel naturgemäß nicht ausführlich, aber sie gibt uns drei Modelle an die Hand, die uns Orientierung für eine Evangelisierung im guten Eifer sein können.

Das erste ist das Modell der Gastfreundschaft (RB 53), das besonders Frauen gemäß scheint. Die Tore des Klosters bleiben nicht geschlossen (wie in RM 95,22), sondern werden geöffnet für die Notleidenden und Fremden. Ihnen wird alle Ehrfurcht, Liebe, Menschlichkeit und größte Fürsorge erwiesen. Man bemüht sich, sie zum Kontakt mit Gott zu führen, vermutlich durch Teilnahme an der Liturgie (*ducantur ad orationem* RB 53,8), und sie im Glauben zu stärken durch ein Teilnehmen-Lassen an der Lectio Divina (RB 53,9). Man könnte sagen, die Mönche sind auf das bedacht, was dem anderen, hier dem Gast, nützt, und das in selbstloser Gesinnung. Die Gemeinschaft bietet Menschen von außen einen menschlichen und spirituellen Raum an. Rezeptivität steht vor der Aktivität (*suscipere – currere*). Guter Eifer der Gastfreundlichkeit!

Das zweite Modell der Evangelisierung wird uns im Pförtnerkapitel (RB 66) gegeben. Es ist der Dialog. Auch hier geht es zunächst um Empfangen, d. h. Horchen auf den Ruf der Menschen (RB 66,1), besonders des Armen (RB 66,3), und dann um eine Antwort in der Sanftmut der Gottesfurcht und im Eifer der Liebe. Dabei sagt Benedikt nicht, daß sie ein »ja« enthalten muß, aber sie soll die Qualität des guten Eifers haben. Das ist die engste Parallele zu Kapitel 72.

Das dritte Modell der Evangelisierung ist Hinausgehen im Gehorsam. Benedikt gibt uns dieses Beispiel im ersten Nachtragskapitel (RB 67). Es ist ein Gesandtwerden (*dirigi*) durch den Oberen und die Gemeinschaft, in ihrem Auftrag, unterstützt von der gemeinsamen Liturgie. Das Gebet aller steht zu Anfang und Ende jeder dieser Missionen und begleitet sie (RB 67,1–4).

Alle drei Modelle sind in Christus verankert. Ihm nichts vorziehen, heißt Hörender, Empfangender, Ausgesandter zu werden. Und in der Evangelisierung finden wir ihn in allen Menschen, besonders in den Armen, und helfen gleichzeitig, daß er in ihnen (und auch in uns) wachsen kann. Es ist unsere Sehnsucht, daß wir gemeinsam mit allen Menschen unser endzeitliches Ziel erreichen.

ANMERKUNGEN

[1] Zunächst möchte ich empfehlen, daß wir uns das Kapitel aneignen, indem wir es kolorieren mit Markierung, Unterstreichung und Umrahmung: braun markiert Ausdrücke des Negativen, gelb das ewige Leben, Gott und Christus, orange Verben, die deren Aktionen zeigen, blau die Mönche, grün deren Aktionen; grüne Unterstreichung für Ausdrücke der Bewegung, blaue für adverbiale Be-

stimmungen, rote für intensive Ausdrücke; graue Umrahmung für Schlüsselbegriffe, rote für das Vokabular der Liebe. So haben wir ein farbenprächtiges Kapitel. Die gelbe Farbe (für Gott, bzw. Christus oder unser Endziel) kommt am Anfang, in den Versen 1–2, und am Ende, in den Versen 9–12 vor. In der Mitte, den Versen 3–8, geht es um die Horizontale, sozusagen eingebettet in die Vertikale. Das Braun, Zeichen für das Negative, kommt am Anfang, in den Versen 1–2, und am Ende, in Vers 11 vor, dann aber auch in Vers 7. Ähnliches gilt für die grün unterstrichenen dynamischen Ausdrücke (Vv. 1–2, 12 und 7). Das Vokabular der Liebe (rot umrahmt) durchzieht fast das ganze Kapitel (direkt bis V. 10), die Aktionen der Mönche (grün) erscheinen in fast jedem Vers; nur Vers 12 enthält eine Handlung Gottes (orange markiert). Im ganzen Kapitel sind viele Worte blau und rot unterstrichen, das heißt, Benedikt betont die Art und Weise, *wie* etwas getan werden soll (Vv. 3–6 und 8–10), und verwendet sehr intensive Ausdrücke, fast jeder Vers ist unterstrichen. In einer Kriegssituation, umgeben vom bösen Eifer, ist seine Intensität sehr greifbar. Benedikt investiert seine ganze Energie. Man kann fragen, warum? Weil die Mönche so eifrig waren? Oder ist es wohl eher umgekehrt, daß er sie sozusagen mit diesen radikalen Aussagen aufrütteln muß?

[2] Regula Magistri. Dt. Übersetzung: Die Magisterregel. Einführung und Übersetzung von K. Suso Frank. St. Ottilien 1989 (RM).

[3] Der Fortschritt in der Redaktion der Benediktsregel wird deutlich, wenn man das Kapitel über die guten Werke (RB 4) mit Kapitel 72 vergleicht. In der Auflistung der Instrumente ist Benedikt zwar noch abhängig von der Magisterregel, aber er fügt schon Werke der Nächstenliebe hinzu oder betont sie deutlicher. Wir finden Beispiele des negativen Eifers wie Eifersucht und Streit (RB 4,66–68), aber umgekehrt auch Liebe, Achtung, Versöhnung untereinander. Der von Benedikt so betont hervorgehobene Satz zu Beginn: »Vor allem: Gott, den Herrn, lieben mit ganzem Herzen, mit ganzer Seele und mit ganzer Kraft. Ebenso: Den Nächsten lieben wie sich selbst.« (RB 4,1–2) wird in Kapitel 72 – allerdings in umgekehrter Reihenfolge – präzisiert.

[4] Augustinus, De trinitate 13,4,7. Corpus Christianorum Series Latina 50–50A; Dt. Übersetzung von Michael Schmaus. In: Bibliothek der Kirchenväter, 2. Reihe, Bd. 13–14; Epistula ad catholicos de secta Donatistarum 5,9. Corpus Scriptorum Ecclesiasticorum Latinorum 52.

[5] Cassian, Collationes. Corpus Scriptorum Ecclesiasticorum Latinorum 13 (Coll.).

[6] Basilius, Regula (Rufinus). Corpus Scriptorum Ecclesiasticorum Latinorum 86 (Reg.).

[7] Vgl. den Gleichklang und die Begriffsähnlichkeit von *tollere* und *tolerare*. Es gibt Manuskripte der Benediktsregel, die die Begriffe verwechseln.
[8] So auch Basilius, Reg. 177: *infirmitates nostras tulit et aegritudines nostras portavit.*
[9] Pachomius, Praecepta et leges 3. Lat./Dt. in: Heinrich Bacht, Das Vermächtnis des Ursprungs II. Würzburg 1983.
[10] Pseudobasilius, Admonitio ad filium spiritualem 4. In: Sitzungsberichte der Bayerischen Akademie der Wissenschaften, 1955, Heft 7.
[11] Caesarius von Arles, Testamentum. In: S. Caesarii opera omnia. Hrsg. von G. Morin, II. Maredsous 1942.
[12] Augustinus, Sermo 137,8–9. In: Sermones. Patrologia Latina 38–39.
[13] Vgl. Augustinus, zu Psalm 102,5. In: Enarrationes in Psalmos. Corpus Christianorum Series Latina 38–40; Sermo 270,4: »*Sic amemus quem timemus, ut eum casto amore timeamus.*« De Diversis Quaestionibus 36,1; De Civitate Dei XIV,9. In: Corpus Scriptorum Ecclesiasticorum Latinorum 40.
[14] Augustinus, Praeceptum VII,3. Dt. Übersetzung in: Hans Urs von Balthasar, Die großen Ordensregeln. Einsiedeln 1961.
[15] Cyprian von Karthago, De dominica oratione 15. In: Corpus Scriptorum Ecclesiasticorum Latinorum 3,1. Dt. Übersetzung in: Bibliothek der Kirchenväter 34.

LITERATURHINWEISE

Ausführliche bibliographische Angaben finden sich in:
Michaela Puzicha, Kommentar zur Benediktusregel. St. Ottilien 2002.
Terrence Kardong, Benedict's Rule. Collegeville 1996.
Dazu ferner:
Aquinata Böckmann, Perspektiven der Regula Benedicti. Münsterschwarzach 1986.
Aquinata Böckmann, Zugang zu Christus nach der Regula Benedicti. In: Regulae Benedicti Studia 20, 2001, S. 15–33.
André Borias, S. Benoît, Maître en patience. In: Lettre de Ligugé 1984, S. 41–51.
André Borias, Le Christ dans la Règle de S. Benoît. In: Revue Bénédictine 82, 1972, S. 109–139.
Michael Casey, »Community« in the Benedictine Rule. Regulae Benedicti Studia 8/9, 1982, S. 59–65. Dt. Übersetzung: Gemeinschaft in der Benediktinerregel. Monastische Informationen 26, 1981, S. 14–20.
Michael Casey, The Virtue of Patience in the Western Tradition. In: Cistercian Studies 21, 1986, S. 3–23.

Anselm Grün, Benediktinische Gemeinschaft – Modell für christliches Zusammenleben. In: Geist und Leben 56, 1983, S. 243–252.
Ghislain Lafont, Note on the Spiritual Aspect of Fraternal Relations. In: Cistercian Studies 9, 1974, S. 221–225.
Jean Leclercq, The Problem of Social Class and Christology in S. Benedict. In: Word & Spirit 2, 1981, S. 33–51.
André Louf, Vivre en communauté fraternelle. In: Vie Consacrée 56, 1984, S. 135–152.
Basil Pennington, Community and Ascetism. In: Word & Spirit 13, 1991, S. 32–38.
Hélène Pétré, Caritas, Etude sur le vocabulaire latin de la charité chrétienne. Louvain 1948.
Lorenzo Sena, Fondamenti e prospettive della vita comune secondo la Regola benedettina. In: Inter Pratres 33, 1983, S. 198–221.
Clemente de la Serna Gonzalez, »Honore invicem praevenientes«, La importancia del orden y las relaciones fraternas en la vida cenobítica según RB. In: Comunidad cristiana y communidades (Studia Silensia 9). Silos 1983, S. 131–159.
Richard Sipe, The Psychological Dimensions of the Rule of S. Benedict. In: The American Benedictine Review 34, 1983, S. 424–435.
Basilius Steidle, Der »gute Eifer« in der Regel S. Benedikts (Kap. 72). In: Erbe und Auftrag 37, 1961, S. 101–115.

Henriette Wendbala Kalmogo OSB

Der gute Eifer im Leben der westafrikanischen Klöster von heute

Einleitung

»Ich bin gekommen, um Feuer auf die Erde zu werfen. Wie froh wäre ich, es würde schon brennen.« (Lk 12,49)

Wie könnte ich Sr. Aquinata meine Dankbarkeit für ihre erhellende Analyse zu Kapitel 72 der Benediktsregel ausdrücken! Sie führt uns auf direktem Weg in die Dynamik dieses Kapitels, in das Testament unseres heiligen Vaters Benedikt, wo es um nichts anderes als Leben geht. Ein Leben, das empfangen werden will, das ausstrahlen soll und weitergegeben werden muß wie eine Flamme, damit es weiterleuchtet!

Generationen von Mönchen und Nonnen haben sich in der Freigiebigkeit einer allein auf Gott gerichteten Liebe diesem Auftrag hingegeben. Ihnen verdanken wir es, daß wir heute diesen »Weg des Lebens« (RB Prol 20) gehen. Von Europa bis Amerika, vom weiten Asien bis Ozeanien und mitten hinein in die Tropen, die Savannen und die Wälder des riesigen afrikanischen Kontinents hat die Regel des hl. Benedikt Männer und Frauen auf der Suche nach dem »wahren und unvergänglichen Leben« (RB Prol 17) in die Nachfolge Jesu Christi und seines Evangeliums geführt. Für meine Schwestern in Koubri und für mich selbst ist diese Regel wie eine gute Nachricht gekommen. Und das Kapitel 72, das zugleich das Herz und den Höhepunkt dieser Regel bildet, ist uns als ein Pfad für die »einfachen Anfänger«, die wir nun einmal sind, geschenkt (vgl. RB 73,8). Er steht uns offen, damit wir uns für Jesus Christus entscheiden durch die freie Annahme einer Begegnung mit ihm, unserem Herrn, einer Begegnung mitten im alltäglichen Leben.

Die Darstellung des Textes, den Sr. Aquinata uns so scharfsinnig in seinen Facetten erläutert hat, läßt uns eine große Bewegung ahnen, einen mächtigen Hauch, der gleichzeitig belebt und stützt. Seine Umsetzung in die Praxis erscheint wie eine Suche, ein Durst nach Glück. Es geht für einen Schüler des hl. Benedikt darum, sich in seinem Innern wie von einem Feuer berühren zu lassen. Dann wird sein wieder und wieder entflammtes Herz mit jedem Tag größer und weiter in der Wärme dieser Liebe, die kein Wort ausdrücken kann (vgl. RB Prol 49). Das ist das Feuer, das Jesus auf unsere Erde gebracht hat und von dem er ersehnte, daß es brenne!

Ich möchte hier, so wie man mich gebeten hat, einige Erfahrungen des Lebens aus diesem guten Feuer mit Ihnen teilen. Es sind Erfahrungen in einem bestimmten kulturellen Kontext und Raum: relativ junge Gemeinschaften, die aus dem Stamm einer langen und ehrwürdigen Tradition entsprossen sind. Ihre Einpflanzung in neue Böden hat gezeigt, daß diese auf geheimnisvolle Weise vorbereitet waren, sie aufzunehmen. So wird es nützlich sein, einen Blick – und sei er auch nur kurz – auf unsere Wurzeln zu werfen: Man wird dort Beispiele für den guten Eifer entdecken. Danach werden wir uns den heutigen Klöstern zuwenden, die auf diesen Wurzeln gegründet sind: Das Erbe von gestern, sei es monastisch oder kulturell, wird auf den Prüfstand gestellt, es wird mit den unterschiedlichsten Strömungen konfrontiert und die sich daraus ergebende Herausforderung ist groß. Dieser Teil wird uns am meisten beschäftigen, bevor wir uns dann fragen, welches Vorgehen wir für die Zukunft ins Auge fassen können; eine Zukunft, die ebenso wie schon unsere Gegenwart nur gedacht werden kann, wenn man

die große Pluralität der Gesellschaft und ihre neuen Schwerpunkte in Rechnung zieht.
Meine Gliederung ist Gestern – Heute – Morgen:

1. Gestern: der gute Eifer, der unsere Gründerinnen bewegt hat
2. Heute: der gute Eifer, der in unseren Klöstern Westafrikas gelebt wird
3. Morgen: wie gestern und heute »der Liebe zu Christus nichts vorziehen«.

1. Gestern: der gute Eifer, der unsere Gründerinnen bewegt hat

Die Geschichte einer Klostergründung, an welchem Ort, in welcher Epoche und unter welchen Umständen ihre Gründungsidee entstand und ausgearbeitet wurde: ist sie in ihrem Kern nicht immer eine Geschichte der Liebe und der Leidenschaft? Weggehen, aus sich herausgehen und »ausziehen aus seinem Land und aus seiner Verwandtschaft« (Gen 12,1), um das Leben zu teilen, das man in sich trägt, um eine Feuerstelle mehr für den über alles geliebten Herrn zu entzünden: ist es nicht die Liebe zu Christus, die uns ergreift und drängt (vgl. 2 Kor 5,14)? Ist es nicht diese Glut der Nächstenliebe, die das Herz entflammt und verzehrt?

Die Jahre der Einpflanzung sind für alle unsere Klöster im französischsprachigen Westafrika heroische Jahre, die durch Opfer, ja Leiden geprägt sind. In sozialpolitischer Hinsicht war es eine Zeit wachsender Unabhängigkeit; in wirtschaftlicher Hinsicht waren es tastende Versuche, ein Gleichgewicht zu finden, das nur schwer zu erreichen war. Noch heute stehen die jungen Gemeinschaften im demokratischen Kongo, in Nord Togo und in Guinea Conakry im gleichen Spannungsfeld: Der Kontext mag anders sein, die Herausforderungen jedoch sind die gleichen.

Die Abtei von Valognes

Die Abtei von Valognes, der unser Kloster in Koubri (in Burkina Faso) sein Dasein verdankt, ist selbst am Anfang des 17. Jahrhunderts als Ort der Fürbitte für eine Familie gegründet worden.

Die Gemeinschaft hatte immer wieder unter Schlägen und Widrigkeiten der Geschichte und unter der französischen Revolution zu leiden, wurde aber nie ganz ausgelöscht. Die aus ihrem Haus vertrieben Nonnen fanden immer Wege im Verborgenen, um das Offizium zu singen, entweder in kleinen informellen Gruppen im Geheimen oder an durch Glück gefundenen Zufluchtsorten versammelt, auch in der größten Entbehrung. Das Leid erreichte seinen Höhepunkt am Ende des zweiten Weltkriegs, als die Abtei einen großen Teil ihrer Gebäude in den Bombardierungen, die der Befreiung vorausgingen, zusammenstürzen sah. Valognes liegt an der äußersten Spitze der Normandie am Atlantik. Geschwächt, aber überzeugt von der Notwendigkeit zu überleben, fand der alte Konvent noch genug von jener Kraft, welche die Demut der Liebe in reichem Maß hervorbringt, um die blühende, vor Leben sprühende Abtei von Dourgne in Südfrankreich um Hilfe zu bitten. Marie Cronier, die verehrte Gründerin dieser Abtei, war erst zwanzig Jahre tot; die Glut des Anfangs war ansteckend. In ihrer Großzügigkeit ließen sich die brennenden Herzen nicht lange bitten. »Keiner achte auf das eigene Wohl, sondern mehr auf das der anderen.« (RB 72,7) Eine Gruppe von sieben Nonnen brach auf, um das Kloster in der Normandie zu unterstützen. Eine von ihnen wurde kurze Zeit danach zur Äbtissin gewählt und geweiht, und zwei weitere finden wir etwa zehn Jahre später unter den Gründerinnen von Koubri. Als die Oberin von Valognes, das damals 42 Schwestern zählte, ihr Amt niederlegte, opferte sie ihren Dienst dem Herrn auf und erbat als Gegengabe »42 kleine schwarze Schwestern«. Die Idee für eine Gründung konnte in dieser Notzeit niemandem in den Sinn kommen. Konnte Mutter Anne Marie sich vorstellen, daß der Herr sie beim Wort nehmen würde? Sie hatte nur gewählt, dem Leben nichts vorzuziehen. Diese leidenschaftliche Liebe verzehrte ihr Herz und entflammte es mit dem Verlangen, das Leben in dem Augenblick hinzugeben, in dem sie selbst bedürftig war, es zu empfangen. »Wenn das Weizenkorn nicht in die Erde fällt und stirbt...« (Joh 12,24)

Und siehe da, einige Jahre später erging vom Zweiten Vatikanischen Konzil aus der begeisternde Aufruf, der Mönche und Nonnen aus Europa ermutigte, über ihre Grenzen hinauszugehen und ihr Leben mit der jungen Christenheit Afrikas zu teilen.

Wenn eine Gemeinschaft beschließt, eine neue Gemeinschaft zu gründen, so muß sie zustimmen, ein bißchen zu sterben. Ebenso wie die ausgesandten Mitglieder sind die zurückbleibenden zu dem gleichen Opfer der Hingabe für das neue Leben aufgerufen. Die Schwestern, die bleiben, bringen ihre Treue zum Willen Gottes in der Zurückgezogenheit, der Stille und dem Gebet jeden Tages dar; ihre Durchhaltekraft ist notwendig für jene, die ausgesandt werden. Diese bringen ihren Verzicht auf die Sicherheit und die beständige Wärme ihres Profeßklosters dar. Die einen wie die andern erneuern ihr Ja zum Herrn, dem sie zuallererst dienen.

Welche Glut der Nächstenliebe mußte die Gemeinschaft von Valognes haben, um voll Vertrauen auf die Anfrage des afrikanischen Bischofs zu antworten! Msgr. Paul Zoungrana war selbst ein Apostel, in dessen Innerem ein leidenschaftlicher Eifer für den Herrn brannte! Er war überzeugt, daß die Anwesenheit der Töchter des hl. Benedikt der Kirche in diesem Missionsland, das damals noch Obervolta hieß, eine gute Einwurzelung schenken würde, und das brauchte sie.

Und welchen Mut mußten die fünf Nonnen aufbringen, die ausgewählt worden waren, um auszuziehen, und die nicht wußten, was sie vorfinden würden! Sie zogen aus und brachten das Opfer, auf die geliebte, große, starke und geeinte Gemeinschaft zu verzichten. Heute erinnert sich eine von ihnen, inzwischen 77 Jahre alt, was der Stern ihrer Berufung gewesen war: »Ich habe meine Kindheit in der weiten Atmosphäre der endlosen Einsamkeit Argentiniens und im Schoß einer warmherzigen Familie verbracht. Dieser natürliche Rahmen voll wunderbarer Schönheit hat mich sehr früh die erhabene Größe dessen ahnen lassen, welcher der Urheber von alledem war. Ich verstand die unendliche Freigebigkeit seiner Gaben und sagte mir, daß ich ihm nichts abschlagen könne. Im Gegenteil, es war der Mühe wert, alles zu verlassen, um ihm mein Leben lang zu folgen.« Damals wußte sie nicht, daß diese Entscheidung sie nicht nur dazu führen würde, auf ihre wunderbare argentinische Heimat zu verzichten, sondern später auch auf Frankreich, wo die Wurzeln ihrer Familie lagen. Und dieser zweite Abschied enthielt noch dazu einen doppelten Verzicht: auf die Gemeinschaft, in der sie die Profeß abgelegt hatte (Dourgne), und auf die Gemeinschaft, auf die sie im Gehorsam ihre Stabilität übertragen hatte (Valognes).

Mit den vier anderen für die Gründung bestimmten Schwestern, darunter auch ihre jüngere leibliche Schwester, die ebenfalls in Dourgne eingetreten und nach Valognes gesandt worden war, zog sie aus, »getrieben von der Liebe Christi«, dem sie nichts vorziehen wollte. Im Glauben und in der Kraft, die der Gehorsam schenkt, wollten sie nun ihrerseits diese Flamme des monastischen Lebens weitergeben, die sie von den vorangegangenen Generationen erhalten hatten, und die sich nun unter einem anderen Himmel und für andere Generationen ausbreiten sollte. Mit Beharrlichkeit trotzten sie den Herausforderungen des Klimas, der Härte der Natur und der Armut, die sie umgab. Sie fürchteten sich nicht, sich einer fremden Kultur zu nähern, da sie begonnen hatten, dieses Land zu lieben, welches das ihre werden sollte. Man hatte sie jedoch gewarnt: »Ihr werdet niemals etwas aus diesem Volk herauslocken können, in diesem eingeschlossenen und dürren Land direkt an der Grenze zur westafrikanischen Sahel-Zone.«

Voller Glauben haben sie ausgesät. Und nicht lange danach meldeten sich die ersten Berufungen. Es schien, als hätte man auf sie gewartet und sich irgendwie im Geheimen auf sie vorbereitet. Vielleicht hatten die harten Lebensbedingungen in den Frauen dort den Boden dafür bereitet, den Anforderungen eines monastischen Lebens standhalten zu können!

Welche Erwartungen?

Für die Kirche des Landes war es ein Segen, diese »Frauen Gottes« aufzunehmen. Ohne ihre Klausur zu verlassen, hatten sie ganz natürlich einen Raum mit Leben erfüllt, der bislang leer war. Sie hatten die Notwendigkeit gespürt, den Auftrag, die Frohe Botschaft vom Heil zu verkünden, mit einem Leben des Gebetes in Entsagung und Nächstenliebe zu verbinden.

• Die afrikanische Seele ist im allgemeinen besonders empfänglich für die Werte des Lebens und der Beziehung zu Gott im Gebet. Empfänglich desgleichen für die Kraft der traditionellen Familie, nämlich Solidarität und Respekt für den anderen in Offenheit und Gastfreundschaft. In den Augen der Männer und Frauen, die in jener Gegend Westafrikas leben, betont ein Leben in Gemeinschaft, das diese Werte fördert, den Vorrang Gottes und unterstreicht zugleich die Zerbrechlichkeit der Wirklichkeit und der Güter dieser Welt.

• In den Dörfern bei Koubri, die mit Begeisterung diese neue Form des religiösen Lebens aufnahmen, wurde das Leben im Einklang mit Gott und der ganzen Familie oder der Dorfgemeinschaft als ein lebensnotwendiges Gut empfunden. So sagte es ein Nachbar, der zur Klosterpforte gekommen war. Das Hören auf den anderen, besonders auf den Alten oder Älteren ist eine Weisheit, die in der traditionellen Erziehung eingeschärft wird. Der Respekt beginnt mit diesem Zuhören, bevor er sich in Sprache oder Verhalten ausdrückt. Seine Zwillingsschwester ist die Unterordnung aus Ehrfurcht vor der Gruppe und vor Gott. Die Geduld ist zusammen mit der Selbstbeherrschung dem zu eigen, der seine Mitmenschen respektiert und im Lauf der Zeit einen Raum zu schaffen weiß, in dem das Gute im Herzensgrund des anderen geboren werden kann.

• Um normal funktionieren zu können, braucht eine Gruppe in ihrer Mitte eine Bezugsperson. Diese muß nicht unbedingt die am besten ausgebildete sein, sondern diejenige, welche als Führungspersönlichkeit den Zusammenhalt sichert und den Sinn für das gemeinsame Erbe wach hält, das sowohl materiell wie auch moralisch oder spirituell sein kann. Ich habe mich sehr gefreut, auch in Kenia, in Nairobi, den Sinn für die Harmonie der Familiengruppe und die Notwendigkeit der Versöhnung in der traditionellen afrikanischen Gesellschaft zu finden. An einem Abend ohne Arbeitsprogramm haben die jungen Schwestern der so anziehenden Gemeinschaft von Karen (Nairobi), die Gastgeberin für das Treffen der Communio Internationalis Benedictinarum war, nacheinander zwei Szenen aufgeführt: eine erste über die Strafe für die Verweigerung der Unterordnung und den schweren Angriff auf die moralische Integrität der Gruppe, und eine zweite über den Umgang mit Konflikten zwischen verschiedenen Clans innerhalb eines Dorfes und ihre Versöhnung. Es ist nicht zu gewagt, wenn ich behaupte, daß die traditionelle Kultur von Burkina und anderen Gebieten Westafrikas sich in ihrem Kern nicht von den kulturellen Zonen des Gesamtkontinents unterscheidet. Heutzutage wird das traditionelle System durch den Zusammenprall der

Kulturen und die Globalisierung angegriffen und schlecht gemacht. Es bleibt aber trotz allem eine Tatsache, daß die Weisungen Benedikts einen mehr als günstigen Widerhall in den Herzen und in der inneren Einstellung der Afrikanerinnen und Afrikaner finden, die auf der Suche nach einem Leben für Gott in geschwisterlicher Gemeinschaft an die Türen der Klöster klopfen.

Treten wir nun also in einige unserer westafrikanischen Klöster ein. Ich möchte betonen, daß das, was über die Geschichte der Gründung Koubris gesagt wurde, fast bis in die Details hinein auf annähernd alle mehr oder weniger neuen Gründungen übertragen werden kann.

2. Heute: der gute Eifer, der in unseren Klöstern Westafrikas gelebt wird

Dieser Teil möchte vor allem ein Teilen von Erfahrungen und Zeugnissen sein: gelebte Erfahrungen, die geeignet sind, die Praxis des guten Eifers in den Klöstern Westafrikas insgesamt und in meinem Kloster Notre Dame de Koubri (Unsere Liebe Frau zu Koubri) im besonderen zu veranschaulichen.

Die ersten Generationen von Afrikanerinnen

Schon vor einer Reihe von Jahren schrieb einmal eine Novizin an ihre Novizenmeisterin: »Ich möchte ernsthaft und mit Liebe das monastische Leben leben, so wie man es uns lehrt. Und ich möchte viel zum Heiligen Geist beten, denn Er ist es, der das ganze Leben schenkt und leitet.«

Man hatte ihr gesagt – und sie hatte es erkannt –, daß die Regel des Heiligen Benedikt in einer Reihe von Punkten im Einklang mit unserer eigenen traditionellen Weisheit steht. Aber sie hatte schnell begriffen, daß das kulturelle Erbe, über das wir uns mit Recht freuen können, sich indessen ohne die Kraft des Heiligen Geistes erschöpft. Er allein reinigt und vollendet, er allein öffnet für das neue Gebot des Evangeliums: »Keiner achte auf das eigene Wohl, sondern mehr auf das des anderen.« (RB 72,7) Nur der Geist Jesu kann diese Liebe eingeben und »vollenden«, diese Nächstenliebe, die weiter geht und mehr erreicht, als nur das menschliche Gleichgewicht in einer Gruppe zu erhalten oder die Solidarität der Familienmitglieder untereinander zu sichern. Was die natürliche Zuneigung »zwischen Schwestern und Brüdern derselben Familie« (vgl. RB 72,8) hervorbringt oder erlaubt, das ist schon groß und schön. Man kann in der traditionellen Gesellschaft Zeuge des Geistes der Selbstlosigkeit und von Gesten voller Großherzigkeit werden. Aber die Gebräuche im Reich, über das der hl. Benedikt uns belehrt, verlangen von uns, über dies hinauszugehen. Nur die Glut der Nächstenliebe, mit welcher der Heilige Geist das Herz erfüllt, kann einen dazu bringen, sich selbst hinzugeben, und das bis in den Tod, um dem andern zu helfen und ihn wachsen zu lassen. Dies ist es, was das Herz jedes Getauften erglühen lassen sollte. Folglich sieht die benediktinische Gemeinschaft hierin den Grund ihrer Existenz, ihren spezifischen Auftrag und den Beweis ihrer besonderen Bindung an Christus. Christus selbst hilft uns, in der Gemeinschaft zu lieben. In ihm ist Gott unser Vater, und die anderen werden unsere Schwestern. Gott und die Regel sind unser gemeinsames Gut, das uns das Leben als Schwestern erlaubt, auch wenn wir aus verschiedenen Stämmen und Ländern kommen.

Die ersten Generationen von Afrikanerinnen hatten das Verdienst, daß sie begannen, dem Pfad zu folgen, den die Gründerinnen ihnen eröffneten. Später hatten sie das Verdienst, wie ihre Gründerinnen in Treue auszuhalten. Auch sie trotzten Widersprüchen, Zweifeln und Angriffen aller Art. Denn wenn auch die Gesamtheit der Christen voller Bewunderung und Wertschätzung für diese neue Weise des geweihten Lebens war, so fielen doch die Reaktionen gedämpfter, manchmal sogar regelrecht abwehrend und für Augenblicke feindselig aus, wenn es für eine Familie darum ging, eine junge Frau in eines dieser »Häuser des Gebetes« ziehen zu lassen, das sie nur in seltenen Ausnahmen wieder verlassen würde.

Unsere älteren afrikanischen Mitschwestern hatten das Verdienst, den Schwung und den Mut der französischen Gründerinnen zu unterstützen, wenn in dieser Zeit der gegenseitigen Gewöhnung der kulturelle Unterschied Unverständnis hervorrief und den Weg vorwärts verlangsamte. Eine unserer Gründerinnen, die heute in Koubri ist, erinnert sich so an ihre ersten Jahre: »Bei dieser schwierigen Aufgabe, das monastische Leben in das afrikanische Milieu einzupflanzen und es dort zu inkulturieren, mußte die ganze Gemeinschaft, die Gründerinnen wie auch die Neuankömmlinge, genau auf den Heiligen Geist hören. Nur er konnte dabei helfen, eine wahre monastische Berufung zu erkennen, zwischen Schwierigkeiten und Hoffnungen in der Erwartung der Umgebung zu unterscheiden und das Risiko eines Irrwegs zu vermeiden. Wie jedes christliche Leben mußte auch das unsere durch den Tod gehen, um zur Auferstehung und zum Leben zu gelangen. Wie oft gelangten wir bei Zusammenkünften oder Kapitelsitzungen an schmerzhafte Engpässe! Und wie die Äbtissin von Valognes, welche die Gründung gewünscht und durchgeführt hatte, gern sagte: ›Man muß einen Schritt vorwärts tun, wenn der Herr einen Lichtfleck zeigt, wohin man den Fuß setzen kann.‹ Unsere Kraft war, daß wir uns sagten: Wenn der Herr es will, wird es geschehen.« – Sie haben weiter ausgesät.

Schließlich fanden sich unsere ersten afrikanischen Schwestern ebenfalls in der schweren, aber glückseligen Verantwortung, junge Schwestern aufzunehmen. Sie konnten hier die Rolle von Älteren und bald auch von Beraterinnen für die Gründungsschwestern einnehmen. Nun waren sie ihrerseits aufgerufen, andere Schwestern auf den Herrn hin und für ihn wachsen zu lassen und das weiterzugeben, was sie selbst empfangen hatten.

Vom Erbe der lokalen Kultur und vom monastisch-benediktinischen Erbe

1995 führten die Gemeinschaften in Westafrika einen Reflexionsprozeß über die monastischen Werte durch, die unsere Klöster rezipiert hatten. Dabei wurde klar, daß es unter den monastischen Wurzeln einige gab, die besonders gut aufgenommen worden waren und deren Dynamik die Lebenspraxis unserer Gemeinschaften prägte.

Es sind dies das Streben nach dem Absoluten (das Verlangen und die Suche nach Gott allein), die Feier des Gottesdienstes, das geschwisterliche und gemeinschaftliche Leben, die Gastfreundschaft und die gut erledigte Arbeit sowie ein gewisser Sinn für die Armut. Es ist leicht zu verstehen, daß die Assimilation dieser Werte zum großen Teil dank der starken guten Anteile unseres kulturellen Erbes gelang, die sich vollkommen mit den zentralen Weisungen von RB 72 verbinden lassen und unsere Praxis des guten Eifers mit seinen Schwächen und Kämpfen, seinen Schattenseiten und Dunkelheiten tragen.

Betrachten wir einige dieser Werte genauer:

Sehnsucht nach Gott oder Suche nach dem Absoluten

»Es kann im Herzen einen guten Eifer geben, der von den Sünden trennt und zu Gott und zum ewigen Leben führt.« (Vgl. RB 72,2)
»In Liebe sollen sie Gott fürchten.« (RB 72,9)
»Christus sollen sie überhaupt nichts vorziehen.« (RB 72,11)

Oft ist es die Sehnsucht, für Gott allein zu leben, die eine junge afrikanische Frau zum benediktinisch-monastischen Leben hinzieht. Und für Gott leben wollen beinhaltet die Entschlossenheit zur Umkehr. Es ist von daher selbstverständlich, daß alles, was dieser Gottsuche dient, in besonderer Weise respektiert und gepflegt wird: Stille und Einsamkeit, Tage des Rückzugs für die einzelnen, Zeiten für Lesung und Gebet usw. und alles, was das innere Leben begünstigt, was den Eifer für die Feier der Liturgie fördert.

In Koubri sprechen wir, immer mit großer Anteilnahme und Glut, zu Beginn jeden Jahres ein Gebet, das in der Gründungszeit verfaßt und für heute etwas angepaßt wurde:

»Möge es jedem Mitglied dieser Gemeinschaft am Herzen liegen, das innere Leben, die Nächstenliebe, das völlige Vertrauen auf Gott und das gegenseitige Vertrauen ohne den Rückzug auf sich selbst als Fundament zu legen. In der immer engeren Einheit mit Gott und in der einfachen und starken geschwisterlichen Einheit untereinander wird die Gemeinschaft ihre Kraft, ihren Frieden und ihre Freude finden.«

Aber manchmal geschieht folgendes: Trotz des klaren Willens, für Gott zu leben und die Hilfen auf dem Weg zu nutzen, nimmt die Glut ab. Man beginnt, die Zeiten für die Lectio und das Gebet anzunagen und sich von einer wachsenden Zahl von Aktivitäten, die tatsächlich oder nur in der Einbildung notwendig sind, in Besitz nehmen zu lassen; der Sinn für die Askese und der Geschmack daran verfliegen und die Nüchternheit verliert ihre Anziehungskraft. Es breitet sich die Acedia aus, das Gegenteil des guten Eifers. Und nach und nach werden die anderen Werte des inneren Lebens – Unterscheidung (*discretio*), Stabilitas, Klausur – zu »armen Verwandten«.

Natürlich kann man diese Unordnung dem Einfluß der Gesellschaft und der modernen Technik zuschreiben, die uns neue Mittel der Kommunikation, der Ausbildung und der Information zur Verfügung stellen: man kann nun schneller vorgehen und mehr erreichen, aber zugleich ist man innerlich wie äußerlich mehr in Bewegung und in Unruhe.

Nun: Was ist aus der Sehnsucht nach Gott und der Anziehungskraft des Absoluten geworden, die sich so gut im Hinblick auf ein harmonisches Gebetsleben ergänzten? Woher kommt es, daß dieses Gleichgewicht durch die widernatürliche Wirkung der Moderne aus dem Lot geraten ist? Wie können wir unseren Versprechen treu bleiben, indem wir das Beste gebrauchen, das unsere Zeit hervorgebracht hat? Man muß sich diese Frage ehrlich stellen und den neuen Herausforderungen entgegentreten, auch wenn man schon ahnt, daß die endgültigen Antworten noch nicht gegeben werden können.

Gemeinschaftsleben mit familiärem Charakter

Der zweite wichtige Wert in unseren Klöstern: Gemeinschaftsleben mit familiärem Charakter. Familiengeist und Sinn für familiäre Bande, Respekt für die Sitten und Gebräuche und Respekt für Autorität und für die Älteren: all dies könnte Teil des kulturellen Gepäcks sein, das jemand beim Eintritt ins Kloster mitbringt.

Der heilige Benedikt sagt uns:

»Sie sollen einander in gegenseitiger Achtung zuvorkommen.« (RB 72,4)

»In gegenseitigem Gehorsam sollen sie miteinander wetteifern.« (RB 72,6)

Respekt vor den anderen, Nächstenliebe, die sich in demütigen und unauffälligen Dienst wandelt: Dies bildet den Kern des gemeinschaftlichen Lebens der Schwestern. Viele unserer Klöster haben die konkreten Gesten und Haltungen bewahrt, die der hl. Benedikt vorschlägt, und einige weitere hinzugefügt: den morgendlichen Gruß durch leichtes Neigen des Kopfes, wenn man sich zum ersten Mal begegnet, Satisfaktion und Begrüßung der Nachbarinnen im Chor, wenn man zu spät zum Offizium kommt; man steht auf, wenn eine Ältere kommt, um ihr den Platz anzubieten, man begrüßt die Verantwortliche für den Arbeitsbereich (die nicht notwendigerweise älter sein muß), wenn man ankommt, und man geht nicht weg ohne ein Zeichen, eine Geste oder ein Wort der Entschuldigung. Man bittet um den Segen, wenn man das Kloster verlassen muß oder eine besondere Arbeit aufnimmt.

Respekt für die andere und diskrete Nächstenliebe drükken sich weiterhin aus durch gegenseitige Unterstützung und Teilen der Lasten: Gesten des Mitgefühls und Zeichen der Aufmerksamkeit in Augenblicken der Heimsuchung, eines Trauerfalls in der Familie (Gebete und Intentionen, die von der gesamten Gemeinschaft mitgetragen werden, Begleitung durch die Gemeinschaft – man trägt es gemeinsam), durch gegenseitige Aushilfe bei der Arbeit. – »Die Bruderliebe sollen sie einander selbstlos erweisen.« (RB 72,8)

Respekt und Liebe werden auch dadurch sichtbar, daß in den wöchentlichen Zusammenkünften – eine der Stärken unserer Gemeinschaft – darauf geachtet wird, daß alle sich einbringen können, auch diejenigen, die dabei besondere Schwierigkeiten haben, und daß sie wirklich von allen angehört werden. Man könnte sagen, daß RB 72 uns einlädt, jeder einzelnen ihren Platz in der Gemeinschaft zu geben, mit ihrem Temperament, mit ihrer Schwäche, und sei es auch eine große Schwäche. Die Bewegung hin zu horizontalen Beziehungen, die in Europa nach dem Konzil begann, hat in Koubri sofort eine wichtige Rolle im Gemeinschaftsleben gespielt. Eine der letzten Ermahnungen, die Mutter Marie, unsere Gründerin und erste Priorin, uns auf einer Gemeinschaftsversammlung gab, war eine Ermunterung zum gegenseitigen Vertrauen: »Möge jede mit Wohlwollen auf das schauen, was die andere in ihrer Arbeit tut, und mögen wir Güte im Herzen tragen füreinander.«

In einer anderen Gemeinschaft wird diese Erfahrung so ausgedrückt: Die Zusammenkünfte der Gemeinschaft sind aufbauend. Und man hat dort die Gelegenheit, den gegenseitigen Gehorsam zu praktizieren: Wenn man beispielsweise den Entscheidungen, welche die Gemeinschaft getroffen hat, zustimmt und sie später nach außen hin verteidigt, auch wenn sie der eigenen Auffassung nicht entsprechen, dann ist dies »eine Teilnahme am Gemeinschaftsspiel«. – »Im gegenseitigen Gehorsam sollen sie miteinander wetteifern.« (RB 72,6)

Man muß auch Schwächen aushalten, diejenigen der anderen und die eigenen: man versucht etwa, die schmollende Schwester zu respektieren, ihren schwierigen Charakter zu respektieren, indem man es sich verbietet, dies in der Öffentlichkeit zu besprechen. Auch dies ist ein Ausdruck dafür, daß wir die Schwächen der anderen in Gemeinschaft mit Jesus tragen, der die Sünde der Welt trägt. Es geht oft darum, sich selbst zu vergessen und eine große Geduld füreinander zu zeigen. – »Ihre körperlichen und charakterlichen Schwächen sollen sie mit großer Geduld aneinander ertragen.« (RB 72,5)

Eine funktionierende Gemeinschaft ist vor allem eine Gemeinschaft, die Versöhnung zu leben versteht. Wie in den meisten benediktinischen Klöstern ist auch bei uns das Schuldkapitel, wo man seine Fehler vor den Schwestern bekennt, der klarste Ort der Versöhnung in der Gemeinschaft. Bald da, bald dort suchen wir regelmäßig nach Möglichkeiten, wie es in seiner Form erneuert werden kann, damit es weiterhin ein Ort des persönlichen Wachstums und des Aufbaus der Gemeinschaft sein kann: hier geht es um einen regelmäßigen Rückblick auf das eigene Leben, dort um Schriftgespräche, die mit einem Akt der Versöhnung enden, anderswo sind es kleine informelle Gebetsgruppen. In Koubri haben wir vor einem Jahr ein Kapitel der »geschwisterlichen Förderung« und der gemeinschaftlichen Danksagung eingerichtet: einmal im Monat teilen wir uns in einer Gemeinschaftszusammenkunft (das Noviziat ist dabei) mit, welche Gnaden wir empfangen haben, und wo wir in der Gemeinschaft Zeichen des Wachstums sehen. Wenn man dies in Wahrhaftigkeit und in gegenseitiger Offenheit tut, verbessert diese Übung die Qualität des Gemeinschaftslebens beträchtlich und schärft den Sinn für Versöhnung. Wohlwollen und gegenseitige Wertschätzung bringen Vertrauen und Gutes hervor! »Wenn ich meiner Schwester etwas Gutes tue, so führt mich das zu Gott, und wenn ich versuche, vor allem das Gute in den Menschen und in den Ereignissen zu sehen, wird es mir leichter, das Negative zu relativieren«, schrieb eine junge Schwester. Ist es doch diese dauernde Überschreitung der eigenen Grenzen, zu der uns die Praxis des guten Eifers führen möchte: immer zu lieben, und mehr und mehr zu lieben, denn die Nächstenliebe kennt kein Maß.

Gemessen an diesem Wert des Gemeinschaftslebens sind die Stolpersteine in den meisten unserer Gemeinschaften zahlreich: Das geschwisterliche Leben bleibt der Ort des täglichen Kampfes. Die Herausforderungen sind zahlreich, und die Hindernisse fehlen nicht! Kommunikationsschwierigkeiten, die manchmal mit den Generationsunterschieden zusammenhängen, Rivalitäten, Machthunger, kein Hinhören und mangelnde gegenseitige Annahme; dazu ein Geist der Unabhängigkeit, der sich dagegen auflehnt, kontrolliert zu werden; man möchte Herrin seines Arbeitsgebietes sein und läßt keine andere Sicht gelten als die eigene; und schließlich Mangel an Demut, der endlose Rechtfertigungen und manchmal ein dauerndes Murren hervorbringt, so viele Übel, die der Suche nach sich selbst dienen und das gemeinschaftliche Leben lähmen.

Das einzige Heilmittel gegen dieses tiefe Übel, Frucht des Stolzes und des Egoismus, ist die Umkehr. Umkehr jeder einzelnen im innersten Herzen, um aufs Neue der Liebe zu glauben, die von Gott allein kommt. »Beten im Handeln«, so sagt gern eine unserer Schwestern. Und dafür müssen wir unseren Glauben an die Gegenwart Gottes an unserer Seite im Alltag neu beleben, wo er sich suchen und finden läßt. Um gegen den Geist der Unabhängigkeit zu kämpfen, haben wir die uns zugeteilte Arbeit, die wir in der Verfügbarkeit und im Gehorsam eines liebenden Herzens vollbringen, und den gegenseitigen selbstlosen Dienst, in den sich kein Wunsch einschleicht, im Mittelpunkt zu stehen: all dies sind Reisigzweige, welche die Flamme des »Christus nichts vorziehen« nähren. Man muß unablässig neue Waffen der Liebe erfinden und sie für uns und die Menschen, die zu uns kommen, gebrauchen lernen.

3. Morgen: wie gestern und heute

»Christus werden sie überhaupt nichts vorziehen.« (RB 72,11)

Der Zerfall des römischen Reiches und die Barbareneinfälle im 6. und 7. Jahrhundert, die französische Revolution und die politischen Unruhen vom 17. bis ins 19. Jahrhundert, vielfältige Verwüstungen in allen Ländern der Welt nach den beiden Weltkriegen des 20. Jahrhunderts, das ist die Geschichte. Sie sagt uns, daß das monastische Leben inmitten von Wirrsal, Verfolgung und Konflikten aller Art geboren wurde, sich entwickelte und immer überlebte.

Heute bietet die Welt im Ganzen wie die Kirche im Herzen dieser Welt der Regel des hl. Benedikt denselben Kontext an.

Unser oft den unterschiedlichsten Strömungen ausgesetzter afrikanischer Kontinent ist eigentlich dauerhaft krank: krank an seinen eigenen Widersprüchen, krank an den Kämpfen, der Gewalt, den Konflikten zwischen den ethnischen Gruppen usw. Erschöpft hält er nur unter Schwierigkeiten die ununterbrochenen Stöße aus, die ihm all diese Übel zufügen. Er sucht nach Ruhe und Einheit.

Genau im Herzen dieses mehr als düsteren Bildes müssen die Söhne und Töchter des hl. Benedikt das Leben verkünden und die Hoffnung wach halten, so wie sie es in der Vergangenheit in Europa und anderswo getan haben. Die meisten unserer Klöster stehen mitten in der Entwicklung, auch wenn der Rhythmus des Wachstums eher langsam und manchmal kaum wahrnehmbar ist. Hier und dort trifft man auf einige, die in schon vom Krieg oder verschiedenen Kämpfen zermürbten Ländern ermüdet sind und aufgegeben haben. Dort, wo die monastischen Gemeinschaften nicht überleben konnten, kann man sich fragen, ob sie nicht schon in ihrem Inneren durch die Schwierigkeiten des gemeinschaftlichen und geschwisterlichen Leben angegriffen waren. Dies hatte Einfallschneisen geöffnet, auf denen das tödliche Gift der Trennung und der Gewalt in sie hineingelangen konnte. So konnten alle Keime des bitteren Eifers hereinkommen, der uns von Gott und von den anderen trennt: Intoleranz, Kampf um Einfluß und Eifersucht, Verachtung, Ausgrenzung. Und die Nacht kam, die Nacht der Niederlage, die einem Sterben ähnlich ist.

Aber für den, der an Christus glaubt, ist das Leben aus dem Tod hervorgegangen! Er hat das Übel der Welt auf sich genommen und ist gestorben, indem er die Sünde der Welt trug. Und indem er zu diesem Gekreuzigten wurde, hat er unsere Tode in Leben verwandelt. Wir sind also berufen, selbst in der tiefsten Niederlage an das Leben und an die Liebe zu glauben, immer –

wie unsere Vorgänger, die uns die Flamme weiterreichten. Aber der Glaube ist eine Gabe Gottes, die man in der Freiheit eines offenen Herzens und in Sehnsucht empfängt. Alles beginnt wieder von vorn, wenn man sich immer wieder entschließt, erneut den »Weg des Lebens« zu gehen und dabei unsere offenen Wunden zum Ort der Versöhnung zu machen. Für den hl. Benedikt sind die Waffen der Rückkehr zum Leben in erster Linie jene des Gehorsams: Sie sind stark und edel. Denn der Gehorsam ist das Gut derer, »denen die Liebe zu Christus über alles geht«. (RB 5,2) Er kommt denen zu, die »nicht auf das eigene Wohl achten, sondern auf das des anderen« (RB 72,7).

Mit der Entschlossenheit, Gott nachzufolgen und dem Nächsten zu dienen, gehen immer Barmherzigkeit und der Wunsch, den andern größer werden zu lassen, einher. Wenn sie den Pfad der Versöhnung wiederfindet und den Wunsch nach Einheit neu entzündet, kann eine Gemeinschaft sich neu auf den Weg machen und wieder in Frieden und mit Freude leben. Sie wird darin in dem Maße bleiben, wie jedes ihrer Mitglieder immer wieder bereit ist, auf den Eigenwillen zu verzichten und sich für die anderen hinzugeben. Nur das Gebet der Anbetung in inniger dauerhafter Verbindung mit dem Herrn kann uns dahin bringen (siehe das Gebet der Gründerin von Koubri). »Das Kloster ist das Haus Gottes«, erinnerte uns eine Schwester. »Dieses Haus gehört nicht mir!« Und weiter: »Was ich bei meinen Schwestern sehe, kann mir bei meiner Umkehr helfen: das Lächeln der einen, die Bereitschaft der andern, die sofort ›ja‹ sagt; eine betende Schwester in der Kirche, eine andere, die in Stille arbeitet! Alles sind Impulse, um neu mit dem guten Eifer zu beginnen, der zu Gott führt und zum Leben gemeinsam mit ihm, das ewig ist.«

Im November 1992 haben sich die Ordensleute der frankophonen Länder Afrikas in Kigali als »Träger der Hoffnung für Afrika« definiert. Seitdem haben wir die Tragödie in Ruanda und in dem Gebiet der Großen Seen mit der Passion unserer Schwestern von Sovu erlebt; es gab Krieg im Kongo, der dazu führte, daß unsere Brüder und Schwestern Bouenza verließen.

Anderswo in Afrika gab es andere dramatische Ereignisse. Auf internationaler Ebene findet sich Gleiches mit dem schrecklichen Höhepunkt am 11. September 2001 in den USA. Wie gestern, so sind auch heute die Söhne und Töchter des hl. Benedikt dazu berufen, das Leben zu verkünden und den Frieden zu fördern. Und dies über die Grenzen ihres Klosters und über die Grenzen ihres Heimatlandes hinaus. Denn heute wie gestern, und morgen vielleicht noch mehr als heute hängt das Schicksal des einzelnen vom Schicksal aller ab. Man bekommt das Gefühl, daß die Menschheit mehr und mehr dazu aufgerufen ist, sich auf einem immer kleiner werdenden Planeten zu sammeln. Wie könnten wir dabei nicht an die Vision unseres heiligen Vaters Benedikt am Ende seines Erdenlebens denken: »Im Glanz eines Sonnenstrahls betrachtete er das ganze Universum«: das der Menschen und der Dinge, das dazu berufen ist, den Frieden und das Licht des wahren Lebens kennenzulernen.

Der Mensch braucht Liebe, um leben zu können. Die Liebe und nichts als die Liebe, die sich aufopfert und hingibt. »Keiner achte auf das eigene Wohl, sondern mehr auf das des anderen.« (RB72,7) Wie gestern und wie heute, so werden unsere Klöster auch morgen der Welt das anzubieten haben, was sie immer am dringendsten braucht: die Hoffnung, die uns die Überzeugung schenkt, daß der Friede möglich ist, wenn man ihn als Geschenk Gottes empfängt, während man ihn zugleich »sucht und ihm nachjagt«. (RB Prol 17; vgl. Ps 34,15)

»Das monastische Ideal, so wie es von seinen Anfängen an in Afrika gelebt worden ist, ist das eines demütigen und verborgenen Lebens, das sich ganz auf die Gottsuche hin ausrichtet.

Es strebt nach der vollkommenen Verwirklichung der evangelischen Nächstenliebe in der klaren Trennung von der Welt und im gemeinsamen Leben von Brüdern, die ›ein Herz und eine Seele sind‹, und so wird das Kloster ein Zeugnis für die Forderungen des Gottesreiches und seine Gegenwart unter den Menschen.« (Dom Jean Leclercq 1964 in Bouaké)

Haus Gottes, der geliebt und angebetet wird, Haus von Brüdern und Schwestern, die von dem guten Feuer verzehrt werden, das »zu Gott und zum ewigen Leben führt« (vgl. RB 72,12), die dazu berufen sind, von der Menschenliebe Christi Zeugnis zu geben, »damit viele Menschen an die Liebe glauben« (vgl. 1 Joh 4,16) und damit »an allen Orten Gott verherrlicht werde« (RB 57,9 und 1 Petr 4,11).

Anstelle eines Schlußkapitels

»Er führe uns gemeinsam zum ewigen Leben.« (RB 72,12)

Die Liebe ist die Basis für alles; dies sagt uns das 72. Kapitel der Regel unseres heiligen Vaters Benedikt wiederholt. Aber angesichts der Forderungen der Nächstenliebe sind wir immer schwach und unsere Lebensweise ist armselig. Christus selbst bringt uns zusammen, er eint uns. Nur in ihm und durch ihn können wir unsere Schwestern lieben und durch sie alle Menschen, die durch das Blut des Kreuzes gerettet und versöhnt sind.

Eine junge Schwester aus meiner Gemeinschaft, die ich fragte, wie sie persönlich den guten Eifer verstehe und lebe, schrieb mir folgendes: »Ich versuche jeden Tag, den der Herr mir schenkt, in Liebe zu verbringen und meine Arbeit sorgfältig zu tun. Ich eile, sie zu beenden und pünktlich zu sein. Ich versuche, mich mit ganzem Herzen an meine Gemeinschaft hinzugeben und für meine Schwestern offen zu sein.« »Alles vergeht«, so sagte uns einmal unsere Novizenmeisterin, »aber die Liebe, mit der ihr alles den Tag über tut, bleibt bis in Ewigkeit«.

Aus dem Französischen übersetzt von Antje Eichhorn OSB

LITERATURHINWEISE

Gesammelte Zeugnisse aus westafrikanischen Klöstern.
Pentecôte d'Afrique Nr. 18, Dez. 1994. Nr. 20, Jan. 1995.
Monastères en terre d'Afrique. In: Renaissance de Fleury Nr. 198, Juni 2001.
Bernard Ducruet, La vie en communauté (Petits traités spirituels).
Jean Vanier. In: Vie consacrée 1979.

Jerome Kodell OSB

Wie schreitet ein Mönch voran im guten Eifer?

Die asketische Dimension des Gemeinschaftslebens

Es gibt in der ganzen Welt gegenwärtige und geschichtliche Beispiele von der umgestaltenden Kraft monastischer Askese im Leben einzelner Ordensmänner und -frauen. Aber um das Ziel zu verdeutlichen, das diese Lebensweise anstrebt, will ich das klösterliche Umfeld verlassen und das Beispiel eines Verheirateten vorstellen. Ich tue dies deshalb, weil der Blick auf das Ergebnis christlicher Gemeinschaftsaskese in einem anderen Kontext neues Licht werfen kann auf unser eigenes Vorhaben. Zudem kann es unterstreichen, daß das Ziel klösterlicher Askese einfach das Ziel christlichen Lebens ist. Dieses wird nicht durch besondere äußere Praktiken erreicht, sondern durch die Beweggründe, Überzeugung und Gnade, die all diese Übungen als eine Lebensform beseelen.

Vor ungefähr 20 Jahren, nicht weit weg von unserem Kloster, erfuhr ein länger als 40 Jahre verheiratetes Ehepaar, daß der Mann Krebs im fortgeschrittenen Stadium hatte; ihm wurden nur noch einige Monate zum Leben gegeben. Innerhalb von sechs Monaten lag er auf dem Sterbebett, schwach und abgemagert, vom Krebs zerfressen. Am 28. April sagten die Ärzte der Familie, daß er in den nächsten 24 Stunden sterben werde. Er nahm keine Nahrung mehr auf und litt sehr starke Schmerzen, die durch Medikamente nicht mehr gelindert werden konnten. Als seine Tochter kam, um sich zu verabschieden, fragte er sie, was für ein Tag sei. »Dienstag«, antwortete sie. »Nein, welches Datum?« »Der 28. April.« Da schloß er die Augen und schwieg.

Aber er starb weder an diesem Tag noch in dieser Nacht. Und er starb auch nicht während des nächsten Tages und der folgenden Nacht und er wollte nicht schlafen. Die Ärzte konnten es nicht erklären. Er konnte keine Nahrung zu sich nehmen und litt Schmerzen, stark genug, ihn in Koma und Tod zu schicken. Am 30. April fragte er wieder nach dem Datum. Er schwitzte vor Schmerzen. Die Familie versuchte es ihm zu erleichtern, ihm die Erlaubnis zum Sterben zu geben. Aber er hielt aus. Und er wollte nicht schlafen. Zwei Stunden vor Mitternacht fragte er wieder: »Was ist heute?« Mittlerweile wußten seine Frau und seine Tochter, daß er das Datum meinte: »Der 30. April.« Aber diesmal fragte er auch nach der Uhrzeit: »Viertel nach zehn abends.« Gegen seinen Willen schlief er für ein paar Stunden ein, aber erwachte wieder mit einem Ruck. »Was für ein Datum haben wir?«, fragte er. Seine Tochter schaute auf die Armbanduhr. Es war kurz nach Mitternacht. »Es ist der 1. Mai, Daddy.« »Gut, dann bekommt Mutter ihren Scheck.« Innerhalb einer halben Stunde war er tot.

Er hatte bis zum neuen Monat ausgehalten, damit seine Frau noch eine Zahlung der Sozialversicherung auf seinen Namen erhielt.

Auch wenn dieser Mann kein Mönch war, berührte mich dieses Handeln eines Sterbenden als ein dramatisches Beispiel dafür, was der hl. Benedikt im Kapitel 72 als »guten Eifer« beschreibt: Dieser drückt sich besonders im gegenseitigen Gehorsam (V. 6) aus und im Streben nach dem, was für den anderen besser ist (V. 7), beseelt von »reiner Liebe« oder »selbstloser Liebe«. Dieser Ehemann und Vater konnte nicht aus der Eingebung des Augenblickes heraus auf seinem Sterbebett so handeln. Er ging die zusätzliche Meile, ohne etwas für sich selbst zu gewinnen in diesem übermäßige Geschenk des Leidens. Den Gewinn hatten ganz die anderen. Irgendwie hatte er so gelebt, daß er wurde, was er in seinem letzten Augenblick war. Er hatte, wenn man so will, in seinem Leben der ehelichen Liebe effektive Askese geübt. Er hat sich eingeübt (oder die Einübung zugelassen), um das zu werden, was er am Ende war.

Ich hoffe, daß dieses Beispiel ganz außerhalb des benediktinischen Gemeinschaftslebens uns hilft, Auseinandersetzungen um Äußerliches zu vermeiden. Das Endergebnis unserer Suche nach Gott im Kloster hängt nicht von der Art und Weise ab, wie wir unser Leben organisieren oder von den örtlichen Traditionen, denen wir folgen. Das bedeutet nicht, daß diese Aspekte unwichtig sind. Es sagt nur, daß unser Handeln im Leben die Kraft dazu aus einer Aufrichtigkeit schöpft, die unseren Observanzen zugrunde liegt, und aus einer Bindung und Hingabe an die Aufgabe, die als Ruf Gottes gesehen wird. Wir kennen die Lebensführung dieses Ehepaares nicht, mit anderen Worten, wir wissen nicht, welches der Weg war, der den Ehemann (und wahrscheinlich auch die Ehefrau) erfolgreich in die wahre Liebe geführt hat, die sich im Augenblick des Todes zeigte. Eheleben hat keine erprobte und anerkannte Tradition mehr. Überall auf der Welt muß jedes Ehepaar heute seinen eigenen Weg finden, durch Versuch und Irrtum. Dies ist sicherlich ein wichtiger Grund dafür, daß die Ehe sich in einem solchen Chaos befindet und die Scheidungsraten so hoch sind.

Monastisches Leben dagegen besitzt die Gabe einer jahrhundertealten asketischen Tradition, und wir, die zu diesem Leben berufen sind, müssen leben entsprechend den erprobten, überlieferten Traditionen. Das Ziel, wie auch immer es in unseren Quellen beschrieben wird (»Guter Eifer« oder »Reinheit des Herzens«), ist nicht ausschließlich dem Mönchtum vorbehalten. Es ist einfach das christliche Ziel, dem man sich unter der Führung des Evangeliums nähert. Aber unsere Berufung verlangt, daß wir uns zum Ziel auf den Weg machen mit praktischen Übungen, die unserem Leben entsprechen, und nicht mit denen einer anderen Lebensweise.

Askese

Vielleicht ist an dieser Stelle im Blick auf das Ziel dieser Darstellung im Rahmen unseres Gesamtthemas ein Wort über Askese angebracht.

Askese kommt von griechisch *askesis*, ist »Disziplin«, »Übung« oder sogar »Kampf« und beinhaltet ein aktives Programm zur Erreichung eines geistlichen Zieles und Übungen zum Erwerben einer Fähigkeit. Das Wort selbst kommt in der Bibel oder der Regel Benedikts nicht vor, aber der Begriff ist wesentlich für beide. Die Evangelien stellen die Lehre Jesu zu Gebet, Fasten und Almosen (Mt 6) dar und die Notwendigkeit, das Kreuz auf sich zu nehmen (Lk 9,23). Der hl. Benedikt vermittelt den Sinn für aktives Streben durch die Worte *militare* (kämpfen) und *currere* (laufen). Wir müssen also Herz und Geist bereiten für den Kampf im heiligen Gehorsam (*oboedientiae militanda*) gegenüber diesen Geboten. (Vgl. RB Prol 40 und Prol 3; 1,2; 58,10; 61,10) »Lauft, solange ihr das Licht des Lebens habt.« (Prol 13; vgl. auch Prol 22.44.49; 27,5; 43,1) Die Regel (und die ganze Tradition) ist sicherlich davon beeinflußt, wie Paulus den geistlichen Kampf in Begriffen des Wettlaufs und Kampfes beschreibt und auf einem Programm strenger Übung um des Zieles willen besteht: »Jeder Wettkämpfer aber übt Disziplin in jeder Weise.« (1 Kor 9,25)

Und was ist das Ziel? Rosemary Rader OSB sagt, daß »auch wenn es nie eine einheitliche Definition oder Praxis der Askese in der christlichen Geschichte gab, die zu Grunde liegende Motivation immer war, Hindernisse zu überwinden, die der Erfüllung des biblischen Gebotes der Gottes- und Nächstenliebe im Wege stehen«[1]. Wir bemerken sofort, daß dies im Gegensatz steht zu einem gängigen Verständnis von Askese als Härte gegen den eigenen Leib, wie sie aus Selbstsucht oder aus einem negativen Menschenbild entsteht. Authentische christliche Askese hängt ab von einer gesunden Sicht des Menschen: Wir glauben, daß es für Menschen möglich ist, Schritte zu unternehmen, um Ordnung in ihr Leben zu bringen, und hinzuarbeiten auf eine Selbstverwandlung, die freilich immer abhängig bleibt von der Mithilfe der göttlichen Gnade. Der hl. Paulus sagt sehr schön zu den Korinthern, die in eine Kultur eingebunden waren, die den Menschen abwertete: »Verherrlicht also Gott in eurem Leib.« (1 Kor 6,20)

Dies ist ein Hauch von frischer Luft in einer Welt, die uns zunehmend glauben machen will, daß wir unserer Erziehung oder ererbten Neigungen ausgeliefert sind. Psychologen beschreiben drei hauptsächliche Theorien des Determinismus: 1. Genetischer Determinismus: Meine Vorfahren sind die Ursache meines unberechenbaren Verhaltens. 2. Psychischer Determinismus: Meine Eltern haben mich »emotional vorgeprägt« zu meinen Zwängen. 3. Umwelt-Determinismus: Ich bin, wie ich bin, wegen meiner Umwelt (Wirtschaft, Kultur, die Menschen in meinem Leben, meine Lebensumstände).

Die asketische Tradition sagt: Auch wenn wir verschiedene Arten von Gepäck mit uns herumtragen, sind wir doch keine Kettensträflinge. Wir können einen Anfang machen, um ein neuer Mensch zu werden, und unsere Freiheit wächst, wenn wir fortschreiten. Ein Wort des hl. Augustinus drückt diese Überzeugung aus: »Wir sind unsere eigene Wahl.« Soziologen haben in der amerikanischen Gesellschaft in den letzten Jahren das Phänomen von Menschen bemerkt, die sich der Religion oder Kirche annähern als einer Wahl des Lebensstils. Die Motivation sind nicht Glaube oder Gewissensüberzeugung, sondern das Bestreben, eine Philosophie oder einen Lebensstil zu finden, die dem eigenen Geschmack entsprechen. Das hat gelegentlich Ordensleben beeinflußt, wenn nämlich Kandidaten auftauchten auf der Suche nach einer Gemeinschaft, die ihrem gegenwärtigen Lebensstil entspricht oder darauf zugeschnitten werden kann. Die Botschaft klösterlicher Askese dagegen ist: Wenn du zufrieden bist mit dir selbst und deinem Leben, so wie es ist, bemüh' dich nicht um Aufnahme. Wir gehen ins Kloster, um verändert zu werden. Bei monastischer Askese geht es um Bekehrung, und dieser Prozeß ist der Weg der Kreuzesnachfolge. »Wenn wir so in Geduld an den Leiden Christi Anteil haben, dann dürfen wir auch mit ihm sein Reich erben.« (RB Prol 50) Es wird die Geschichte einer Novizin erzählt, die einer im 19. Jahrhundert in Europa gegründeten missionarischen Ordensgemeinschaft angehörte, regelmäßig der Gründerin schrieb und dabei die Segnungen ihrer Novizenzeit aufzählte und überströmte von der Schönheit des Gemeinschaftslebens. Nach einiger Zeit begann dies, die Oberin zu beunruhigen, bis sie endlich schrieb: »Schwester, wenn Sie zu dem Zeitpunkt, an dem Sie diesen Brief erhalten, noch kein Kreuz erhalten haben, beten Sie eine Novene!«

Evagrius Ponticus beschreibt das Ziel der monastischen Askese als *apatheia*. In das westliche Mönchtum gelangte es als *puritas cordis* durch Cassian, der den griechischen Ausdruck offensichtlich vermied wegen der darüber entstandenen Kontroversen zwischen Hieronymus und Augustinus. Ironischerweise kommt uns diese Entwicklung entgegen, denn mit »Reinheit des Herzens« als geistlichem Ziel läßt es sich viel leichter umgehen als mit »Apathie« in einer ungenauen Übersetzung, die sich in den meisten modernen Sprachen kaum vermeiden läßt.

Benedikt spricht nicht von der Reinheit des Herzens als solcher, aber die Vorstellung davon ist sicherlich vorhanden im

Ziel der Demutsleiter, die er über die Magisterregel von Cassian übernimmt: »Wenn also der Mönch alle Stufen auf dem Weg der Demut erstiegen hat, gelangt er alsbald zu jener vollendeten Gottesliebe, die alle Furcht vertreibt.« (1 Joh 14,18; RB 7,67)

Auch Cassian benutzt das Bild einer Leiter, wenn er von den Übungen spricht, die zur Reinheit des Herzens führen: »Deswegen nehmen wir Einsamkeit, Fasten, Nachtwachen, Arbeit, Nacktheit auf uns. Deshalb müssen wir Schriftlesung zusammen mit all den anderen Tugenden üben. Wir tun dies, um unser Herz einzufangen und frei zu halten von allen schädlichen und gefährlichen Leidenschaften und um Stufe für Stufe aufzusteigen zum Gipfelpunkt der Liebe.« (Coll. I,7)

Immer und immer wieder wird in dieser und in anderen monastischen Quellen betont, daß das Ziel der Askese nicht Disziplin oder Selbstbeherrschung sind, sondern ein liebendes Herz. In der Mitte von *apatheia* stehen für Evagrius Sanftmut und Mitgefühl. Aber der Kampf darum betrifft den ganzen Menschen. Es ist nicht nur eine Frage der guten Absicht und des Sehnens. Cassian macht das deutlich in Bezug auf das Gebet: Eine solide Grundlage in der Tugend ist nötig, um ein Leben des Gebetes zu unterstützen. (Coll. IX,2)

Freiheit

»Wir führen diese asketischen Übungen aus«, sagt Cassian, »um unser Herz frei zu halten«. Freiheit ist das erste Ziel der Askese, mehr noch als Liebe. Denn die Selbsthingabe, was ja Liebe ist, erfordert die Freiheit zu geben.

In unseren klösterlichen Ausbildungsprogrammen bemühen wir uns zu Recht, viele Felder und Themen abzudecken: Heilige Schrift und Regel, Geschichte und Tradition des Mönchtums,

Katholische Glaubenslehre und Kirchenrecht, psychologische Voraussetzungen für ein Leben nach den evangelischen Räten, die Suche nach Gott in Gebet und Lectio Divina und so weiter. Aber der Sinn aller monastischen Bildung wie jeglicher christlichen, ja, menschlichen Bildung ist es, uns zu persönlicher Freiheit zu führen.

Das II. Vatikanische Konzil nennt authentische Freiheit »ein erhabenes Kennzeichen des Bildes Gottes im Menschen« (Gaudium et Spes 17).

Freiheit ist natürlich ein belastetes Wort, ein Schlagwort, mit dem man sorgfältig umgehen muß. Es hat viele Bedeutungen, einige davon sind trügerisch, andere führen ironisch und heimtückisch zur Versklavung. Freiheit in ihrem innersten Kern ist die Möglichkeit, ich selbst zu sein. Das ist jedoch nicht so einfach, wie es den Anschein hat. Freiheit ist die Frucht menschlicher Reife. Sie ist für alle gedacht und allen zugänglich, aber nicht alle erreichen sie auch.

Der Kampf um die menschliche Freiheit beginnt in der Wiege, aber er wird in der Jugend mit ihrer Suche nach Individualität und der eigenen Persönlichkeit zu einem verzehrenden Feuer. Der Kampf geht weiter, aber wenn wir in der Jugend angefangen haben, Frieden mit uns selbst zu schließen, dann wird es ein organisches Wachsen der Freiheit sein. Andernfalls wird es chaotisch sein, da die ungelösten Fragen weiter schwelen und immer wieder aufflackern.

Der meistverbreitete Irrtum über die Freiheit ist die Gleichsetzung von Freiheit mit dem Wegfall von äußeren Einschränkungen. Der Weg, frei zu werden, wäre dann, Hindernisse zu entfernen: elterliche Kontrolle, gesellschaftliche Sitten, gesetzliche Einschränkungen und sogar die Menschen, die mir im Wege stehen, indem ich sie verlasse, ein- oder ausschließe oder sogar töte (z. B. Abtreibung).

Das ist natürlich eine Illusion, denn die Entfernung benennbarer Hindernisse umfaßt nur einen kleinen Teil des Feldes, auf dem der Kampf um die Freiheit ausgetragen wird. Zumeist findet er im Innern und unsichtbar statt.

Wir werden nicht frei sein, bis wir uns mit den nicht wahrgenommenen und nicht identifizierten Mächten beschäftigen, die uns zu unseren Handlungen und Entscheidungen treiben, die ganze innere Welt der Leidenschaften, Launen und Ängste, das Gebiet von Sexualität, Stolz und Selbstzweifel, verschlimmert durch den Ballast der Vergangenheit mit früheren Verwundungen, Ressentiments und Vorurteilen. Dann gibt es da noch die äußere Welt mit Gruppenzwang und Mediendruck, kultureller Indoktrination und gesellschaftlichen Werten, die uns durch Osmose andauernd beeinflußt.

Sklaverei bedeutet beherrscht zu werden, von Herren, die ich nicht gewählt habe. Es ist nicht weniger Sklaverei, wenn meine Herren unidentifiziert bleiben, oder ich mir nicht bewußt bin, daß sie mich beherrschen. Diese Sklaverei ist um so bösartiger, weil ihre Handlanger mir verborgen bleiben.

Freiheit meint, von einem Herrn oder einer Norm geleitet werden, die ich selbst gewählt habe, und nicht von einer, die mir mit oder ohne mein Wissen aufgezwungen wurde. Dies erklärt den eigenartigen biblischen Ausdruck »Gesetz der Freiheit« (Jak 2,12). In unserer menschlichen Bedingtheit gibt es keine echte Unabhängigkeit. Wir sind eingebunden in ein Netz von Abhängigkeiten, die mit dem Fortschritt von Wissenschaft und Technik eher zu- als abnehmen. Denken wir nur an das weltweite Ausmaß der Zerrüttung, das durch den Terroranschlag auf das World Trade Center im Jahr 2001 verursacht wurde. Dies alles ist nur der Widerschein einer Abhängigkeit auf einer weit höheren Ebene: der Abhängigkeit von Gott. Auch wenn wir die Wahl haben, diese Abhängigkeit zurückzuweisen, ist es doch für uns unmöglich, wirklich unabhängig und unser eigener Herr zu sein. Wie uns der hl. Paulus sagt, sind wir entweder Sklaven der Sünde oder Sklaven Gottes: »Denn als ihr Sklaven der Sünde wart, da wart ihr der Gerechtigkeit gegenüber frei. Aber jetzt, da ihr aus der Macht der Sünde befreit und zu Sklaven Gottes geworden seid, habt ihr einen Gewinn, der zu eurer Heiligung führt und das ewige Leben bringt.« (Röm 6,20.22) Echte Freiheit verlangt, die Abhängigkeit von Gott anzunehmen. Augustinus sagt: »Wer nicht durch diese Kette gebunden ist, der ist ein Sklave.«

Um dieses zu betonen, benutzt Jesus das Bild vom Kind. »Wenn ihr nicht umkehrt und wie die Kinder werdet, könnt ihr nicht in das Himmelreich kommen.« (Mt 18,3) Im Mittelpunkt steht hier nicht die Unschuld – ein Kind kann gut oder böse sein –, sondern die Anerkennung und Annahme der Abhängigkeit von einem anderen. Wir sind alle Sünder, aber es gibt Hoffnung für Sünder, die ihre Abhängigkeit von Gottes Erbarmen erkennen.

Ein freier Mensch hat durch persönliche Entscheidung die Werte des gewählten Herrn verinnerlicht. Alles ist diesem inneren Gesetz unterworfen, auch die äußeren Gesetze. Der hl. Paulus nennt dies das »Gesetz des Geistes« (Röm 8,2). Wir sehen dieses Gesetz am Wirken in Jesus und den Heiligen und in allen, die die bewußte Entscheidung getroffen haben, nach einer inneren Norm zu leben. Menschen, die nicht den gleichen Herrn haben, können das Leben derer nicht verstehen, die so geführt und geleitet werden. Beide, Jesus und Paulus, wurden für verrückt erklärt.

Christliche Askese, und monastische Askese als eine besondere Ausdrucksform davon, hat das Ziel, uns heranzubilden zu wahrer Freiheit: Gott als unseren Herrn zu wählen, die Ketten anderer Herren zu lösen, um Gott und seine Gebote umarmen zu können, und dann frei zu leben nach der inneren Richtschnur, die wir gewählt haben.

Benedikt nennt dies einen Prozeß des »Aufgebens des eigenen Willens«. Die Bereitschaft dazu wird als Vorbedingung zugrunde gelegt zu Beginn der Regel (Prol 3) und ist der Schlüssel für die ersten zwei Stufen der Demut (RB 7,19.31–33). Auf den ersten Blick geht dies schwer zusammen mit moderner Psychologie: ein schwaches Selbstkonzept ist ein sicheres Anzeichen von Krankheit. Benedikt hätte damit keine Schwierigkeiten. Worauf er im Zusammenklang mit der ganzen monastischen Tradition drängt, ist die Verpflichtung, sich auf einen Prozeß einzulassen, der die Illusionen fortnimmt, die den echten eigenen Willen verdecken. *Voluntas propria* und *desideria sua* in der Regel Benedikts beziehen sich nicht auf den echten Willen eines gesunden Selbst. Dieser echte Wille wird in der inneren Tiefe gefunden, wo wir wahrhaft wir selbst sind, wo alles in uns sich danach sehnt, mit dem Schöpfer vereinigt zu werden und die Bestimmung zu erfüllen, für die wir geschaffen wurden. Die Sünde hat diesen wahren Willen überdeckt und uns veranlaßt, ihn zu verwechseln mit unseren vorübergehenden eigensüchtigen Wünschen. Solange wir an dieser Verwechslung leiden, können wir unserem wahren Willen nicht folgen, weil wir ihn nicht kennen, und wir können nicht frei sein. Deshalb gibt uns Benedikt als ein Werkzeug der guten Werke, unseren falschen Eigenwillen zu hassen. (RB 4,60)

Gott als Herrn zu wählen ist keine Wahl, die ein für allemal geschieht. Die anderen Herrn geben ihren Zugriff nicht so leicht auf, und wir lassen sie nicht so leicht gehen.

Die tragischsten Menschen im Kloster sind die, welche sich nicht daran erinnern oder es nie verstanden haben, daß sie freiwillig Gott als ihren Herrn gewählt haben durch das Leben unter den Gelübden, und daß ihre einzige Hoffnung auf wahre

Freiheit nun in dem besteht, was sie als »Einschränkungen« durch den Gehorsam und die klösterliche Observanz ansehen.

Schule für den Dienst des Herrn

Der hl. Benedikt gibt uns eine Schule und Disziplin an die Hand, um in dieser wahren Freiheit zu wachsen. Er nennt das »den Weg der Gebote Gottes laufen« (Prol 49). Wir sollen nicht einfach irgendwohin laufen. Allein, daß Aktivität von guten Absichten angetrieben ist, bedeutet noch nicht, daß sie zu einem Ziel führt. Wir können ziellos mit großer Energie darauf losdreschen. St. Benedikt wirft einen Anker für uns aus mit seiner starken Maxime in Kapitel 43: »Dem Gottesdienst soll nichts vorgezogen werden« (oder »vorangestellt«: *praeponatur*). Das Gewicht dieser Weisung kann gemessen werden an seinem Echo in Kapitel 72: »Christus sollen sie überhaupt nichts vorziehen (*praeponant*).« (RB 72,11) Warum ist Opus Dei (Werk Gottes) so wichtig in einem von der Regel gestalteten Leben? Wir wissen, daß Benedikt die Bedeutung dieses Begriffes verdichtet hat. In der Tradition vor ihm beschreibt »Werk Gottes« das gesamte monastische Vorhaben oder das Gebet im allgemeinen, in seiner Regel bezeichnet es das Stundengebet. Gerade hier ist die göttliche Gegenwart, die überall – im Abt, in den Kranken, in den Gästen, in den Armen, im Älteren und im Jüngeren – hervorgehoben wird, besonders zu erkennen und zu verehren.

Für Benedikt wird die Teilnahme an der Gemeinschaftsliturgie zum Prüfstein der Observanz, sowohl der Gemeinschaft als auch jedes Einzelnen. Zuallererst nimmt es uns die Illusionen darüber, was wichtig ist, und wer es wichtig macht. Es erfordert Glauben (in der Kernbedeutung des neutestamentlichen Begriffs *pistis* – Vertrauen) und Abhängigkeit von Gott, mehrmals am Tag alles stehen und liegen zu lassen, um zusammen zu kommen, um Gottes Lob zu verkünden. Es ist ein unablässiger Ausdruck der Gottesfurcht, die in den zwei ersten Stufen der Demut in Kapitel 7 und als sichtbarer Ausdruck des guten Eifers in Kapitel 72 betont wird. Das bedeutet, daß wir Gott an die erste Stelle setzen, über jedes andere Vorhaben oder jeden anderen Einfluß und zu jedem Augenblick.

Wenn mich irgendwer oder irgend etwas unnötig wegzieht vom Opus Dei, dann fürchte ich in diesem Augenblick diese Sache oder Person mehr als Gott. Anders als eine Gewissenserforschung, die offen ist für Selbstbetrug wegen ihrer Innerlichkeit, ist die Teilnahme am Gottesdienst eine äußere Norm, die physisch und beobachtbar ist. Ein Grundsatz sagt es: Mein Verstand und meine Zunge täuschen mich, aber meine Füße sagen mir die Wahrheit.

Das Opus Dei ist, wie der Sabbat für den jüdischen Gläubigen, eine Erinnerung an Gottes Herrschaft. Wer an Gottes liebende Gegenwart glaubt, kann einen Tag in der Woche die Welt lassen und sich darauf verlassen, daß Gott die Welt erhält und Sorge trägt für die Menschen. Ein klösterlicher Mensch kann die Arbeit, sogar Arbeit, die von entscheidender Bedeutung für die Gemeinschaft ist, mehrmals am Tag lassen, um sich mit der Gemeinschaft in Gottes Gegenwart zu versammeln. Bis dieser Vorrang fest begründet ist, ist ein Wachsen des Einzelnen hin zu innerer Freiheit und gutem Eifer gefährdet. Alles ist in der Schwebe, wenn Gott nicht an erster Stelle steht. »Dem Gottesdienst soll nichts vorgezogen werden.« (RB 43,3)

Damit die Treue zum Opus Dei mich voranbringt im Streben nach dem guten Eifer, reicht jedoch physische Anwesenheit allein nicht aus. Die Qualität der Anwesenheit wird bestimmt durch die Treue zum nächsten großen Feld klösterlicher

Askese, der Lectio Divina (geistliche Lesung). Das ist Benedikts Chiffre für die persönliche und private Gottsuche des einzelnen Mönches. Das ist die Übung, die direkt unsere Liebe zu Gott vertieft und unsere Absichten reinigt in Bezug auf all die anderen Beschäftigungen des Tages einschließlich des Opus Dei. Indem wir den Geist einer biblischen Lesung aufsaugen oder durch »langsames Brüten über der Tradition«[2] wachsen wir schrittweise hinein in Gottes Sichtweise auf die Wirklichkeit. Wir sehen die Welt und ihre Menschen durch Gottes Augen, lesen das Leben auf göttliche Weise. Der hl. Benedikt sagt sehr wenig über die Methode der Lectio Divina oder über das persönliche Gebet, das mit ihr ein nahtloses Gewand bildet. Sein Interesse liegt mehr darin, einen Rahmen und ein Grundprinzip für den persönlichen spirituellen Weg aufzustellen. Er weiß, wenn Zeit in Gottes Gegenwart verbracht wird, wird Gott den Weg weisen. Zur weiteren Information verweist er uns im Kapitel 73 auf seine eigenen Quellen, von denen einige, besonders die Wüstenväter und Cassian, heute als Führer wieder entdeckt werden.

Ohne den Rückhalt in dieser persönlichen Gottsuche werden alle anderen monastischen Übungen einschließlich des Opus Dei zu trockenem Stroh: sie bringen weder Nahrung noch Freude. Während die öffentliche Form des Opus Dei ihm die besondere Kraft gibt, uns an die tägliche Treue zu erinnern und sie anzuspornen, kommt die Effektivität von Lectio Divina und persönlichem Gebet gerade von ihrer Innerlichkeit. Weil es für jemand anderen keine Möglichkeit gibt zu erkennen, ob ich auf diesem inneren Weg treu bin, und weil es keinen beobachtbaren und meßbaren Beweis gibt, daß etwas geschieht, mich Tag für Tag voranzutreiben, muß meine Treue auf meiner persönlichen Überzeugung und auf meiner Sehnsucht nach Gott gründen. Jenseits von allem, was ich wissen kann, nährt diese

Übung von der Wurzel her mein Gottvertrauen und deshalb meine innere Freiheit. Aber es erfordert tägliche Beständigkeit ohne zu wanken.

Gehorsam: in der Vertikalen und in der Horizontalen

Der hl. Benedikt warnt uns am Beginn des Prologs, daß das monastische Unterfangen nutzlos ist, wenn wir nicht die starken und glänzenden Waffen des Gehorsams ergreifen in der Entscheidung, unseren eigenen Willen aufzugeben und den Willen Christi anzunehmen. Wir wissen, daß dies nicht ein Aufruf ist, die eigene Persönlichkeit und Integrität zu verlieren, sondern ein Ruf zur Nachfolge, indem wir freiwillig unser Personsein der Herrschaft Christi übergeben. Der Schlüssel hierzu ist, Gottes Gegenwart überall zu erkennen und uns einzulassen auf die sichtbaren Zeichen von Gottes Willen, wie immer sie sich auch zeigen: durch den Abt oder den Oberen, der »im Kloster die Stelle Christi vertritt« (vgl. RB 2,2; 63,13), oder im gegenseitigen Gehorsam gegenüber den Bedürfnissen und Nöten des anderen in der täglichen Erfahrung des Gemeinschaftslebens.

Kapitel 68, das von überfordernden Aufgaben handelt, ist sehr wichtig, weil es uns zeigt, daß der Wert unserer Arbeit nicht von der Qualität des Produkts oder der Fertigkeit, die wir der Aufgabe zuwenden – alles sehr gute Dinge – abhängt, sondern von dem Glauben, der es uns ermöglicht voranzuschreiten entgegen unserer persönlichen Sicht, »im Vertrauen auf Gottes Hilfe« (RB 68,5). Im Leben nach der Regel gibt es so etwas wie das Niederlegen eines im Gehorsam erhaltenen Amtes nicht, doch gibt es Raum, um eine Änderung zu bitten, sie aber nur dann zu wünschen, wenn es mit Gottes Willen für uns übereinstimmt. Das Berufungsgebet von Papst Clemens XI drückt genau diese Haltung aus.

»O Gott, ich möchte tun, was du wünschst
solange du es wünschst,
in der Weise, wie du es wünschst,
weil du es wünschst.«

Benedikt macht zwei große Feinde eines solchen Gottvertrauens, des Strebens nach Gehorsam und im letzten des gesamten monastischen Weges aus: Murren und Privatbesitz.

Diese Praktiken schädigen den hoffnungsvollen Geist einer Gemeinschaft und das gegenseitige Vertrauen. Doch ihre zerstörerische Kraft reicht noch tiefer. Es geht um spirituelles Leben oder Tod. Beides, Murren und Privatbesitz, treffen das Herz der Gemeinschaft, ihren Glauben an Gottes liebende und sorgende Gegenwart. Beide Praktiken setzen voraus, daß Gott entweder meine traurige Situation in der Gemeinschaft nicht kennt oder sich nicht darum kümmert oder nicht in der Lage ist, für mich zu sorgen. Deshalb muß ich mich um mich selbst kümmern, sei es durch Worte oder durch Dinge.

Das Murren gegen Gott ist ein Thema der Wüstenwanderung im Buch Exodus und Numeri. Jesus hat es angeführt in seiner Rede vom Brot des Lebens im Johannesevangelium (Joh 6).

Das heimtückische Potential dieses Fehlverhaltens ist besonders in zwei Texten ausgedrückt: Am Ort, der Massa und Meriba genannt wird, bevor Mose an den Felsen schlägt, als das Volk schrie: »Ist der Herr in unserer Mitte oder nicht?« (Ex 17,7), und in der Nacht des Wachens, als Angst und Zweifel das Volk vorschlagen läßt: »Wir wollen einen neuen Anführer wählen und nach Ägypten zurückkehren.« (Num 14,4) Murren führt uns dazu, Gott aufzugeben und zurück in die Sklaverei zu gehen. Seine tödlichste Form heute ist wahrscheinlich passive Aggression, mit der ich mich genau genommen selbst zu Gott mache und Augenblick für Augenblick zum Richter der Gemeinschaft werde.

Die Wüstenwanderung ist ebenfalls voll von Warnungen davor, Besitztümer zwischen sich und Gott zu stellen. Der Hebräerbrief übernimmt die Lektion aus dem Deuteronomium: »Euer Leben sei frei von Habgier, seid zufrieden mit dem, was ihr habt, denn Gott hat versprochen: Ich lasse dich nicht fallen und verlasse dich nicht.« (Hebr 13,5; Dtn 31,6) Besitz zu horten oder zu verstecken bedeutet, daß einer nicht den Glauben hat, daß Gott vorsorgen wird: um in dieser fehlgeleiteten Gemeinschaft zu überleben, muß ich für mich selbst sorgen.

Völlig verschieden von dieser Selbstbedienungshaltung ist der Geist, den der hl. Benedikt empfiehlt mit seinem Konzept vom gegenseitigen Gehorsam in Kapitel 71 und 72. »Sie wissen doch, daß sie auf diesem Weg des Gehorsams zu Gott gelangen.« (RB 71,2) In Kapitel 71, wenngleich überschrieben »Der gegenseitige Gehorsam«, tritt der Gemeinschaftsaspekt des Gehorsams zurück zugunsten einer starken Betonung des vertikalen Gehorsams. Aber in Kapitel 72 nennt Benedikt den gegenseitigen Gehorsam als Schlüsselbegriff für den guten Eifer.

Vers 6 mit seiner starken Sprache vom »Wetteifer« im gegenseitigen Gehorsam ist eingerahmt von Versen, die dessen wichtigste Elemente herausstellen: Respekt voreinander (V. 4) und Geduld mit den Schwächen des jeweils anderen (V. 5) auf der einen Seite, Sorge um das, was für den anderen gut ist (V. 7), und gegenseitige Liebe (V. 8) auf der anderen Seite.

Gegenseitiger Gehorsam ist zentral für die Beobachtung klösterlicher Beständigkeit: Diese besondere Gruppe von Leuten, mit denen zusammen Gott mich in einen Bund gerufen hat, vermittelt mir Gottes Willen Tag für Tag. Der »gute Eifer« von Benediktinerinnen und Benediktinern wird nicht dadurch erreicht, daß wir Befehlen gehorchen – und sei es noch so treu und folgsam. Er erfordert darüber hinaus Feingefühl und Verfügbarkeit für die ausgesprochenen und unausgesprochenen Bedürfnisse meiner Schwestern oder Brüder. Kardinal Newman sah im täglichen Geben und Nehmen eines Familien- und Gemeinschaftslebens eine Pflanzstätte der Heiligkeit: »Ich kann mir keinen Lebensstand vorstellen, der günstiger ist für die Übung hoher christlicher Grundsätze, als den von Menschen, die – in Geschmack und allgemeinem Charakter verschieden – verpflichtet sind, zusammenzuleben und sich gegenseitig anzupassen an ihre jeweiligen Wünsche und Vorhaben.«[3] Dies erfaßt den Geist des benediktinischen gegenseitigen Gehorsams. Der hl. Bernhard sagte: »Vita communis poenitentia maxima« (Das Gemeinschaftsleben ist die größte Askese). Wenn uns Benedikt in Vers 11 ermahnt, »Christus überhaupt nichts vorzuziehen«, dann schließt das alle ein, die Christus in meinem Leben repräsentieren: den Abt, Alte, Junge, Kranke – alle.

Gegenseitiger Gehorsam bringt uns Gott sehr nahe, aber er verlangt, daß ich durch die Verhüllungen Christi hindurchbreche. Christus ist gegenwärtig in allen »körperlichen und charakterlichen Schwächen« in der Gemeinschaft: in dem, der ausleiht und nie zurückbringt, in dem immer Unpünktlichen, in dem, der Schmutzspuren auf einem sauberen Fußboden hinterläßt, und in dem, der nie freiwillig hilft.

Doch Christus ist auch gegenwärtig in dem, der treu ist, aber auch verletzend, oder fromm, aber einsam, oder in dem, der still den Verlust eines geliebten Menschen betrauert. Gegenseitiger Gehorsam verlangt hier nach einem tiefen Hören, nach der täglichen Übung des »Lauschens mit dem Ohr des Herzens auf die Ermahnungen des Meisters«, zu dem wir am Anfang der Regel (RB Prol 1) aufgerufen werden. Dies gilt besonders, wenn der Ruf Gottes zu uns kommt im Fleisch und

Blut unserer Schwestern oder Brüder in der Gemeinschaft. Ein Einsiedler in der Wüste ging, um einen anderen Mönch zu treffen, und als er ihn verließ, sagte er zu ihm: »Vergib mir, Abba, daß ich dich von deiner Regel abgebracht habe.« Aber der andere antwortete ihm: »Meine Regel ist es, dich zu erfrischen und weiterzuschicken in Frieden.«

Gastfreundschaft

Es liegt eine große Kraft in der Beständigkeit und Regelmäßigkeit klösterlichen Lebens, aber da besteht auch eine Gefahr: Wir können auf dem Weg steckenbleiben und uns in Oasen niederlassen, die wir irrtümlich für das verheißene Land halten. Die Regel mit ihren Bildern vom Laufen, Sich-Mühen und Kämpfen sollte uns aufmerksam machen und bereit für das Neue, aber die Regelmäßigkeit des Lebens birgt die Gefahr in sich, uns niederzulassen und abzuschotten. Die monastische Tradition der Gastfreundschaft ist hier eine große Hilfe.

Der hl. Benedikt ermahnt uns, den Gast wie Christus aufzunehmen (RB 53,1). Von dieser Weisung her hat sich eine Tradition benediktinischer Gastfreundschaft entwickelt, die für ihre Qualität in der ganzen Welt bekannt ist. Aber ich denke, wir können mehr tun, um innerhalb der Gemeinschaft von dieser Lehre geistlichen Gewinn zu ernten. Innerhalb der Gemeinschaft sind wir beständig Gäste und zu bestimmten Zeiten sogar Fremde füreinander. Wenn wir wahrhaft gastfreundlich sind, werden wir einander ständig neu willkommen heißen.

Vers 4 des 72. Kapitels über den guten Eifer ist ein Zitat aus dem Römerbrief und wird in der Regelausgabe »RB 1980« so übersetzt: »Jeder von ihnen sollte versuchen, der erste zu sein, der dem anderen Respekt erweist.« (Röm 2,10) Das lateinische Wort *honor* ist hier mit »Respekt« übersetzt, was eine hilfreiche

Nuance in der Anwendung wachruft. »Respektieren« meint wörtlich: zurückblicken, genauer hinschauen, noch einmal sehen. Echter Respekt steckt Menschen nicht in Schubladen oder – was noch schlimmer wäre – tut sie nicht ab durch Karikatur; er macht sich die Mühe, jedes Mal neu Christus zu sehen.

Vor einigen Jahren war ich eingeladen, den Dominican Sisters of Bethany Exerzitien zu geben, einer kleinen monastischen Gemeinschaft im Nordosten der Vereinigten Staaten. Zwei oder drei ihrer Mitglieder sind mit dem einzigen Apostolat außer Haus betraut, der Frauenseelsorge in einem großen Bundesgefängnis.

Über die Jahre hinweg hat dieser Dienst in einigen der weiblichen Insassen eine monastische Berufung geweckt, der sie dann in diesem dominikanischen Kloster gefolgt sind. Die Schwestern haben hart daran gearbeitet, einer Diskriminierung dieser Kandidatinnen zuvorzukommen. Sie haben ein einzigartiges Gemeinschaftsstatut erlassen: Keiner Schwester ist es erlaubt, über ihr früheres Leben zu reden, außer gegenüber der Oberin, einem geistlichen Begleiter oder Beichtvater; und niemand darf nach der Vergangenheit einer anderen fragen. Im Idealfall weiß niemand, ob eine andere Schwester früher Lehrerin, Bankkauffrau oder Strafgefangene war.

Grundsätzlich ist dies auf jede Gemeinschaft übertragbar. Wir alle haben verschiedene Hintergründe und Geschichten, aber wir sind durch einen gemeinsamen Ruf zusammengeführt worden. Unser Leben im Kloster beginnt mit dem Tag unseres Eintritts. Die Frage ist nicht, was vorher geschehen ist, sondern wie wir jetzt zusammenleben in Antwort auf Gottes Ruf heute. Das Vergangene ist nur Vorspiel. Wir müssen unsere eigene Vergangenheit loslassen, sogar das Gestern, und jeden Tag neu unseren Weg beginnen. Und wir müssen unseren Brüdern und Schwestern die Chance geben, das Gleiche zu tun. Was zählt, ist, wie wir heute Gott dienen, wie immer uns Gott auch zusammengeführt hat, um diesen Tag miteinander zu teilen.

Authentisch gelebte christliche Gastfreundschaft ist ziemlich gefährlich, denn sie verpflichtet dazu, mit dem Urteil zu warten, bis der Gast oder Fremde begrüßt und aufgenommen ist. Für die Welt ist der erste Schritt Urteil, der zweite Annahme, genau das Gegenteil von Evangelium und Regel. Es ist Teil unseres Charismas und unserer Tradition als gastfreundliche Mönche, die Türen unserer Klöster für völlig Fremde zu öffnen, ihnen Raum zu geben, sie selbst zu sein, ehe ein Urteil sich aufdrängt.

Der Hebräerbrief erinnert uns, durch Gastfreundschaft »haben einige, ohne es zu ahnen, Engel beherbergt« (Hebr 13,2). Aber um ganz gastfreundlich zu sein, müssen wir einander in der Gemeinschaft den guten Eifer einer größeren Gabe gewähren: immer und immer wieder die Tür unseres Herzens zu öffnen für unsere Schwester oder unseren Bruder, bereit für eine neue Offenbarung des Menschen, den wir schon zu kennen meinen.

Ein biblisches Modell

Mit einem Beispiel des christlichen guten Eifers aus dem Eheleben habe ich begonnen, und jetzt, gegen Ende, möchte ich die Aufmerksamkeit auf ein Beispiel des guten Eifers aus der Bibel lenken: auf Barnabas, den Gefährten des Paulus, der sehr schön die im Gemeinschaftsleben geschätzten Tugenden veranschaulicht.

Barnabas war ein einzigartiger Leiter in der apostolischen Gemeinde, war er doch Levit, daher durch und durch jüdisch, und sprach Hebräisch, und zugleich, da in Zypern gebürtig, war er vertraut mit griechischen Gewohnheiten und beherrschte die griechische Sprache. So brachte ihn die Vorsehung in die Lage, eine Brücke zu bilden zwischen jüdischen und griechischen Christen und ein Führer zu sein in der Heidenmission. All dies, vereint mit seinen bemerkenswerten natürlichen Gaben, befähigte Barnabas für den entscheidenden Dienst, den er für die Gründung der christlichen Kirche leistete. Aber es erklärt nicht seinen Beitrag. Gaben werden täglich vergeudet. Das Geheimnis von Gottes Erfolg durch ihn war sein guter Eifer.

Barnabas wird in der Apostelgeschichte durch einen einzigen Satz vorgestellt, der seine Integrität offenlegt (die dem Betrug von Hananias und Saphira gegenübergestellt wird) und die Wertschätzung, die ihm noch Jahre nach seinem Tod entgegengebracht wurde: »Auch Josef, ein Levit aus Zypern, der von den Aposteln Barnabas, das heißt übersetzt Sohn des Trostes, genannt wurde, verkaufte einen Acker, der ihm gehörte, brachte das Geld und legte es den Aposteln zu Füßen.« (Apg 4,36f) Die Leiter waren so beeindruckt von seiner Gabe, Menschen zu stärken und Gemeinde aufzubauen, daß sie ihn den Tröster oder den Ermutiger nannten. Dieser Name beschrieb seine apostolische Rolle so genau, daß er im Gedächtnis der Gemeinde seinen Eigennamen ersetzte (so wie »Petrus« für »Simon«).

Wir sehen ihn in Aktion, wie die Apostelgeschichte darlegt, als Mentor von Saulus, als die anderen Leiter diesen fürchteten (Apg 9,26f), und wie er die Kirche von Antiochien bestärkt, als ihre Hinwendung zu den Heiden in Frage gestellt wird. Aber die wirkliche Probe kam, als Barnabas vor die Wahl gestellt wurde, Saulus in den Dienst zurückzurufen, nachdem er von den Jerusalemer Führern negativ beurteilt und heimgeschickt worden war.

Barnabas sah sicherlich die Gefahren in Saulus' Verhalten und Vorgehen, aber er erkannte auch die Möglichkeiten, die Saulus' Gaben für die Mission beinhalteten. Sicher erkannte er auch, daß eine Unterstützung des Saulus seine eigene Stellung in Jerusalem untergraben würde, wenn Saulus versagte. Aber ihm ging es mehr um die Verkündigung des Evangeliums, und er strebte nicht nach dem, was er für sich selbst für besser hielt, sondern nach dem, was für die Kirche besser war.

Bald nahm Barnabas – unvermeidlich bei Saulus' Fähigkeiten als Redner und »Begeisterer« – den zweiten Platz ein und trat in den Hintergrund. Zu Beginn der Heidenmission in Antiochien wurde Barnabas in der Gemeinde als erster genannt und Saulus zuletzt. Der Heilige Geist beauftragte die betende Gemeinde, »Barnabas und Saulus« für dieses Werk auszuwählen. Aber schon am Ende der Zypernmisson ist in der Erzählung von »Paulus und seinen Begleitern« die Rede, und später heißt das Duo gewöhnlich »Paulus und Barnabas« (vgl. Apg 13,1.2.13).

Genau hier liegt der entscheidende Beitrag von Barnabas: In seinem guten Eifer im Gehorsam, den wir in den Begriffen der Benediktsregel sowohl als vertikal als auch als horizontal bezeichnen können, und in seiner Demut. Es gibt keinerlei Anzeichen dafür, daß Barnabas sich beschwert oder geschmollt hat über seinen Abstieg in der Anerkennung zugunsten von Paulus. Er erkannte die Gaben des Paulus und das Gute, das sich für die Kirche daraus ergeben würde, wenn Paulus ermutigt und ihm freie Hand gelassen würde. Barnabas erkannte, daß er selbst nicht tun konnte, was Paulus tun konnte. Solange Paulus ihn gewähren ließ, war er sein Förderer, sein Unterstützer, und sein »Puffer« zur Jerusalemer Gemeinde.

Aber so wie Barnabas nicht die Gaben des Paulus besaß, so hatte auch Paulus nicht die Gaben des Barnabas. Gott brauchte keine zwei Paulusse oder Barnabasse, sondern jeden von beiden einmal, der weitergab, was ihm gegeben worden war. Hätte die frühe Gemeinde zusammengehalten, so wie sie es tat, ohne einen Barnabas, einen Ermutiger, einen Tröster, einen, der »der erste war, anderen Respekt zu zeigen«, ein demütiger Erbauer hinter den Kulissen der Gemeinde?

An der Spitze von Benedikts Stufen der Demut steht die »vollkommene Gottesliebe, die alle Furcht vertreibt« (RB 7,67; 1 Joh 4,18). Barnabas konnte Gott und der Kirche dienen und dabei immer das Gute fördern und andere ermutigen, weil er im Frieden war mit sich selbst. Er besaß die innere Sicherheit, die nur dann entsteht, wenn jemand zutiefst davon überzeugt ist, von Gott persönlich erwählt und geliebt zu sein. Sein Handeln zeigt, daß sein Herz – wieder in den Begriffen Benedikts – »fortschritt in unsagbarem Glück der Liebe« (RB Prol 49).

Barnabas riskierte Spaltungen und Streit, indem er Saulus/Paulus unter seine Fittiche nahm; er riskierte eine Entfremdung von den Jerusalemer Führern und er riskierte Prestigeverlust in der Gemeinde und den Verlust seines anerkannten guten Rufes in Bezug auf Urteilsvermögen und Weisheit. Aber Barnabas hatte keine Angst davor, diese äußere Anerkennung zu verlieren. Er brauchte sie nicht, um er selbst zu sein. Er hatte Gottes Liebe, und die machte ihn frei.

Es wäre einfacher und sicherer für Barnabas gewesen, eine andere Richtung einzuschlagen, als Saulus wie ein brennender Dornbusch am Horizont erschien, und so zu behalten, was er besaß. Keiner hätte ihm einen Vorwurf gemacht, ja niemand hätte davon gewußt. Aber die Kirche hätte Paulus verloren und Barnabas sich selbst.

Wenn wir das Leben eines Menschen wie Barnabas miterleben, so gewiß mit der Liebe Gottes im Herzen, dann erkennen wir guten Eifer und wir verstehen im Gegenzug, wie viel vom bösen Eifer innerer Unsicherheit entspringt und sich ausdrückt in Selbstschutz und Kleinlichkeit.

Eine Wahl zwischen zwei Arten von Eifer

Eine Version der Hölle auf Erden ist es, alles zu haben, was man will, aber niemanden, um es mit ihm zu teilen. Der »böse Eifer der Bitterkeit« ist ein selbstsüchtiges Unterfangen, das »zur Hölle führt« (RB 72,1), schon in diesem Leben, während der gute Eifer schon einen Vorgeschmack des Himmels gibt, wo es keine Selbstsucht gibt: alles wird Liebe sein.

Alles im guten Eifer deutet von sich selbst weg und hin zum Nächsten und zu Gott. Das ist die Erfüllung des großen Gebotes, dem ersten Werkzeug in Benedikts Werkstatt (RB 4,1) und das Ziel klösterlicher Askese.

Wir können als Muster sehen, wie die Werkzeuge in Kapitel 4,10–19 zusammengestellt sind. Die ersten vier Werkzeuge könnten als negativ und selbstorientiert erscheinen: »Sich selbst verleugnen, um Christus nachzufolgen, den Leib in Zucht nehmen; sich Genüssen nicht hingeben, das Fasten lieben«, aber sie sind bezogen auf den guten Eifer durch die unmittelbar folgenden Werkzeuge: »Arme bewirten, Nackte bekleiden, Kranke besuchen, Tote begraben, Bedrängten zu Hilfe kommen, Trauernde trösten.« Wenn du in dich gehst, dann um aus dir herauszugehen.

In der Magisterregel werden die Mönche angespornt, im Gehorsam gegenüber dem Abt miteinander zu wetteifern. Vielleicht war dies die Richtung von Benedikts eigener früherer Lehre, wie sie sich widerspiegelt im früheren Teil seiner Regel, der stark von der Magisterregel beeinflußt ist. Gehorsam gegen den Abt, der Christus repräsentiert, kann und sollte ein Weg sein zu Demut und Heiligkeit, aber so wie er in der Magisterregel dargestellt wird, ist es ein potentiell selbstsüchtiger Weg, eine Suche nach persönlicher Ehre, nach Status und Macht.

In seiner reifen Lehre spornt Benedikt, ohne den Gehorsam gegen Gott durch den Oberen, der Christus repräsentiert, gering zu achten, die Mönche an, im gegenseitigen Gehorsam miteinander zu wetteifern. Dies wirft ein klareres Licht auf den Gehorsam im Kloster und beseitigt die Gefahr selbstsüchtiger Motivation. Dadurch spielt jeder in der Gemeinschaft in meiner Gottsuche eine Rolle, und ich in der Gottsuche der anderen. Und dies vermehrt in uns allen die Sehnsucht nach Christus, der uns »alle gemeinsam zum ewigen Leben führe« (RB 72,12).

Aus dem Amerikanischen übersetzt
von Hildegard Polzer OSB

ANMERKUNGEN

1 Rosemary Rader, Asceticism. In: G. S. Wakefield (Hrsg.), Westminster Dictionary of Christian Spirituality. Philadelphia 1983, S. 28.

2 Eamon Duffy, The Catholic Church on the Eve of the New Millennium. Unveröffentlichtes Manuskript (International Conference on Benedictine Education, Worth Abbey, 1999).

3 John Henry Newman, Love of Relations and Friends. In: Parochial an Plain Sermons. London 1873, Bd. 2, S. 58.

Sonia Wagner OSB

Der gute Eifer als Liebe

Mit weitem Herzen in unsagbarem Glück der Liebe laufen
(vgl. RB Prol 49)

Einleitung: Ein Bild

Eine Skulptur der heiligen Scholastika steht im Vorgarten direkt hinter dem Tor unseres Mutterhauses in Glebe Point, Sydney.

Die Arbeit aus Bronze ist unverkennbar weiblich. Die Statue macht einen Schritt nach vorn, hält ein Buch nah und fest an ihr Herz. Scholastika, eine Frau von Weisheit und Stärke, zieht den Betrachter mit einem festen Blick in ihren Bann. Die nackten Füße, die ganz leicht den Boden berühren, symbolisieren ihre Identifikation mit den Armen. Stärke und Verwundbarkeit kommen gleichermaßen im Material und in den Proportionen, die der Künstler verwendet hat, zum Ausdruck. Der Kopf ist geneigt, aufmerksam für das Geschehen des Augenblicks. Gott, der sich in einem leichten Wind verbirgt, bewegt ihr Haar. Die linke Hand ist hinter ihrem Rücken. Die Geste zeugt von Autorität; die Hand berührt die Flügel eines Brolga, des heiligen Vogels der Eingeborenen Völker Australiens, und schafft gleichzeitig eine Verbindung mit dem heiligen Kranich der Japaner und der Taube aus der Geschichte von Benedikt und Scholastika.

Scholastika wird als Frau für alle Zeiten dargestellt und ist an diesem Ort benediktinischer Frauen fest verwurzelt. Und von dieser Frau Scholastika wissen wir aus den Erzählungen des heiligen Gregor, daß Benedikt mit ihr ein Wunder erlebte, aus dem Herzen einer Frau ein Wunder der Liebe. »Gott ist Liebe. So ist es ganz richtig: Jene vermochte mehr, weil sie mehr liebte.« (Dial. 33,5)[1]

Die Schlüsselfragen, die ich in diesen Ausführungen stellen werde, sind: Wie kann eine Ordensfrau durch die Beziehungen auf ihrem monastischen Weg zur Liebe hin wachsen? Welche charakteristische Weisheit können wir aus unseren benediktinischen Quellen erlangen? Was kann eine Gott geweihte Ehelosigkeit unserer Welt anbieten?

Liebe und Beziehungen: Die Weisheit Benedikts

Das Wesen der Regel Benedikts, zusammengefaßt in Kapitel 72, ist Beziehung. Was Benedikt vorschlägt, ist eine neue Gesellschaft mit einem neuen Verständnis von Beziehung, eine Lebensform, ein Suchen nach Gott und dem Dienst am Nächsten, gekennzeichnet vor allem anderen durch Liebe. Die Betonung liegt auf der inneren Dynamik der Lebensform – der Liebe.

Die Liebe ist die vollendete Form des guten Eifers. Sie drückt sich in drei Ebenen von gegenseitigen Liebesbeziehungen aus – in der Liebe zu Gott, in gegenseitiger Liebe in der Gemeinschaft und in der Liebe zur Oberen.

Im Englischen gibt es für das Wort ›Liebe‹ nur den einen Ausdruck ›love‹, der aber eine Vielzahl an Bedeutungen haben kann. Die lateinische Sprache mit ihren unterschiedlichen Termini kann die gemeinten Nuancen leichter ausdrücken. In Kapitel 72 spricht Benedikt in seinem Aufruf zum guten Eifer ausdrücklich von der Liebe in folgenden Versen:

V. 3: Übt den Eifer mit leidenschaftlicher/herzlicher/glühender Liebe (lateinisch: *amor*);

V. 8: liebt selbstlos (lateinisch: *caritas*);

V. 9: fürchtet Gott in Liebe/liebender Ehrfurcht/ehrfürchtiger Liebe (lateinisch: *amor*);

V. 10: seid der Oberin in aufrichtiger/wahrhaftiger und demütiger Liebe zugetan (lateinisch: *caritas*).

Das Kapitel schließt mit der Aussage »Christus sollen sie überhaupt nichts vorziehen« (V. 11) und dann mit dem allumfassenden Gebet »Christus führe uns gemeinsam zum ewigen Leben« in Vers 12.

Benedikt skizziert hier eine geerdete Mystik. Seine Lehre über die Liebe ist in der Realität verwurzelt – in der Person, dem Ort, der Zeit – immer auf der Suche nach dem und gesucht vom Gott der Wirklichkeit, dem Gott, der die Liebe ist.

Gegenseitige Liebe in der Gemeinschaft

Benedikt beginnt seine Ausführungen über das zönobitische Leben in Kapitel 1 der Regel mit dem Satz: »Die erste Art sind die Koinobiten: Sie leben in einer klösterlichen Gemeinschaft und dienen unter Regel und Abt.« (V. 2) Nachdem er sich kritisch über die anderen Arten von Mönchen geäußert hat, fährt Benedikt in Vers 13 fort: »Gehen wir daran, der stärksten Art, den Koinobiten, eine Ordnung zu geben.« Selbst wenn Benedikt uns als Individuum anspricht, so ist es doch immer im Kontext der Gemeinschaft.

In der Zusammenfassung der Regel in Kapitel 72 lehrt Benedikt in Anlehnung an Römer 12,3–21, daß sich die gegenseitige Liebe im monastischen Leben in gegenseitigem Gehorsam und Dienen, in gemeinschaftlichem Besitz, darin, die Last des anderen zu tragen, in gegenseitiger Unterstützung und Ermutigung ausdrückt. Jede soll sich selbst für die anderen hingeben, auf die andere ausgerichtet sein. Wenn wir alle diese Weisungen ernst nähmen, welche welterschütternden Wunder würden in unseren Gemeinschaften geschehen! Keine von uns hätte es nötig, Energie und Aufmerksamkeit auf sich selbst zu konzentrieren.

Liebe kostet etwas und äußert sich in den scheinbar kleinen Dingen des täglichen Lebens. Liebe verlangt, daß wir den Beziehungen in unserem Leben Priorität geben. Liebe verlangt, daß wir unsere Begabungen und Ideen mit anderen teilen. Es gibt keine ideale Gemeinschaft, die nur auf eine jede von uns wartet. Der Gott der Wirklichkeit mahnt uns zum Gehorsam gegenüber der Situation. Liebe verlangt, daß wir beim Aufbau der Gemeinschaft in unserer Zeit und an unserem Ort zusammenarbeiten.

Gottesliebe: liebende Ehrfurcht gegenüber Gott (vgl. RB 72,9)

Der gute Eifer führt zu Gott und zum ewigen Leben. Der Weg ist durch, mit und in Christus. Die Beziehung zu Christus muß Priorität haben. Auf ihr beruht die Kraft des Gemeinschaftslebens. In RB 4,21 hat uns Benedikt bereits daran erinnert: Wir sollen die Liebe zu Christus über alles stellen. Und dann in Kapitel 72,11: »Sie sollen Christus überhaupt nichts vorziehen.« Und, wie Cyprian kommentiert: »Wir sollen Christus nichts vorziehen, denn er hat uns nichts vorgezogen.«[2]

Die Ordensfrau wird daran erinnert, daß wir Liebe erwidern können, weil Gott uns zuerst geliebt hat. Basilius der Große sagt: »Die Liebe zu Gott kann nicht gelehrt werden. ... Wir besitzen die Kraft zur Liebe, die sofort beim ersten Werden in uns gelegt wurde. Der Beweis dafür kommt nicht von außen; ein jeder kann das durch sich selbst und in sich selbst erfahren. Nach dem Schönen verlangen wir doch von Natur aus, obwohl meistens jeder etwas anderes für schön hält. Zuneigung zu unserer Familie und den Angehörigen haben wir doch, ohne sie zu erlernen.« (Reg.lg. 2,1)[3]

Wenn wir in RB 31,10 lesen, daß wir sogar Ehrfurcht vor den Geräten des Klosters haben sollen, wieviel mehr müssen wir diese Ehrfurcht dann den Menschen erweisen? Tägliche Aufgabe ist es, Christus im Nächsten zu sehen und ihm zu antworten: »Alle Fremden ... sollen aufgenommen werden wie Christus.« (RB 53,1) Der hl. Paulus drückt dieses Geheimnis der Einheit in Christus aus, wenn er zur Gemeinde in Korinth sagt: Ihr seid »ein Brief Christi, geschrieben nicht mit Tinte, sondern mit dem Geist des lebendigen Gottes, nicht auf Tafeln aus Stein, sondern – wie auf Tafeln – in Herzen von Fleisch« (2 Kor 3,3).

Vollendete Gottesliebe vertreibt die Furcht, erinnert uns Benedikt in Kapitel 7 der Regel (vgl. V. 67). Ein biblischer Zugang zu dieser Passage spricht von der verwandelnden Wirkung der Liebe. »Furcht gibt es in der Liebe nicht, sondern die vollkommene Liebe vertreibt die Furcht. Denn die Furcht rechnet mit Strafe, und wer sich fürchtet, dessen Liebe ist nicht vollendet. Wir wollen lieben, weil er uns zuerst geliebt hat.« (1 Joh 4,18–19)

Liebe und Priorin

In Kapitel 72 spricht Benedikt, wie die Gemeinschaft die Priorin lieben soll: mit einer Liebe, die »aufrichtig und demütig ist« (V. 10). In der Regel finden wir durchgehend Anweisungen für die Priorin, wie sie jedes Mitglied der Gemeinschaft lieben soll. Zuallererst soll sie Christus sein – ein Abbild Christi – für jedes Mitglied der Gemeinschaft, ohne Ausnahme. Sie kann Christus niemals ersetzen. Christus soll vielmehr im Nächsten angenommen werden.

- »Der Abt suche, mehr geliebt als gefürchtet zu werden.« (RB 64,15)
- »Der Abt soll alle in gleicher Weise lieben.« (RB 2,17.22)
- »Er hasse die Fehler und liebe die Brüder.« (RB 64,11)
- »Er schneide Fehler klug und liebevoll weg, wie es seiner Ansicht nach jedem weiterhilft.« (RB 64,14)
- Die Priorin muß die Schwester in Liebe ermutigen, wenn diese ausgeschlossen wurde (das heißt, wenn sie gefehlt hat). (Vgl. RB 27,4)
- Sie wird denjenigen, die im Streit mit der Gemeinschaft sind, mit einer herausfordernden und hartnäckigen Liebe begegnen. (Vgl. RB 28)

Die Führungsaufgabe in einem Kloster besteht darin, zu beleben, einzubinden, zu lehren, zu vereinen, zu heilen, zu ordnen. Es geht darum, nicht nur einwandfreie und wirksam funktionierende Systeme zu entwickeln, sondern vielmehr Rahmenbedingungen zu schaffen, in denen Liebe, bewußtes Mitfühlen und guter Eifer gedeihen können.

Die Priorin muß ein Mensch sein, den eine große Liebe zur Gemeinschaft auszeichnet, für die vorhandene Gruppe von Frauen, so wie sie sind. Sie muß sie als Frauen ansehen, nicht als Probleme; Frauen, die begabt und begnadet sind; Frauen, die manchmal einen schlechten Tag haben und ein schweres Kreuz zu tragen haben. Sie muß an sie glauben, wenn diese es selbst nicht können. Das ist guter Eifer.

Die Priorin und natürlich auch alle anderen Schwestern sind aufgerufen, den Ort, an dem sie leben, zu lieben. Alle sollen in der Lage sein, nicht nur die Zeichen der Zeit, sondern auch die Zeichen des Ortes zu deuten. Die Gründer von Citeaux wurden *amatores loci*, Liebhaber des Ortes, genannt. »Mit Ort meinen wir die Gemeinschaft, die Abtei, die ganze Umgebung mit allen gottgegebenen Eigenschaften. Es ist ein Grundsatz des Lebens, daß das, was geliebt wird, lebt und wächst, und so selbst lebensspendend wird, selbst wenn es scheinbar leblos ist. Die Liebe zu einem Ort hat auf das ganze Leben Einfluß.« (O'Farrel, S. 11)

Liebender Dienst im Kloster

Benedikt beschreibt verschiedene andere Aufgaben im Kloster als Liebesdienst. Einige Beispiele: Der Pförtner soll alle Anfragen mit herzlicher Liebe beantworten. (Vgl. RB 66,4) Die Kranken sollen durch jemand versorgt werden, der liebevoll ist. (Vgl. RB 36,7) »Die Älteren sollen die Jüngeren lieben.« (RB 63,10) Der Dienst der Liebe ist ein Dienst, für den jeder verantwortlich ist.

Kennzeichen der Liebe

Ein Schlüsselkennzeichen der Liebe in unserer Lebensform ist, daß der Zölibat nicht um seiner selbst willen, sondern um des Reiches Gottes willen gewählt wird. Wie aber leben wir diese erhabene Wirklichkeit? Im ersten Petrusbrief (1 Petr 3,15) heißt es, daß wir wirksamere Wege finden müssen, um Antwort zu geben auf die Frage nach der Hoffnung, die unsere Herzen erfüllt, während Thomas Morus bekennt, daß es »letztlich nicht eine Frage der Verstandes, sondern eine Frage der Liebe« ist. Zölibat an sich ist kein Zeugnis, die Menschen, die ihn leben, sehr wohl. »Der verbindlich zölibatär lebende Mensch dient der Menschheit als ein Zeichen des Widerspruchs, das uns zwingt, uns den tieferen Werten menschlicher Existenz und Sinnhaftigkeit zu stellen, die in der Sexbesessenheit unserer Kultur so schnell verschüttet werden.« (Whitehead, S. 110)

Wir müssen eingestehen, daß allzu oft Menschen, die sich heute an die Kirche wenden mit dem Wunsch nach Orientierung für ihre Sexualität, keine klaren Zeichen der Liebe, der Großzügigkeit oder der Freude sehen.

Eine Gruppe junger Frauen, die im Rahmen eines groß angelegten Forschungsprojekts der Australischen Katholischen Bischofskonferenz mit dem Titel »Frau und Mann: eins in Jesus Christus« interviewt wurden, drückte ihre Frustration mit diesen Worten aus:

»Am entscheidendsten: Einige [junge Frauen] fühlten sich verletzt durch die Haltung der Kirche zu für sie wichtigen Fragen wie Sexualität, Empfängnisverhütung, Scheidung, soziale Gerechtigkeit und Umwelt. Niemand spricht mit den jungen Frauen, und die Haltung der Kirche zu bestimmten Problemen zeugt von mangelndem Verständnis für die Wirklichkeit, in der junge Frauen heute leben. ... Sie wurden gezwungen, zu Fragen wie den oben erwähnten ihre eigenen Antworten zu finden. Denn wenn sie eine Antwort innerhalb der Kirche suchen, dann ist diese unrealistisch und die Kirche ist nicht offen für die Komplexität all dieser Themen. Wie eine Teilnehmerin sagte, holt die Kirche die Menschen nicht dort ab, wo sie sind.«[4]

Die theologische Interpretation des Zölibats wird für die Menschen glaubhafter werden, wenn sie sich mit deren Lebensweg auseinandersetzt, die Menschen dort abholt, wo sie sind.

Der Zölibat ist ein überzeugendes Zeugnis erst durch diejenigen, die sich aus freien Stücken und mutig zur Suche nach Gott und dem Dienst am Nächsten in dieser monastischen Lebensform entschließen.

Der Kontext der Liebe

Als Benediktinerinnen können wir auf eine reiche Tradition zurückgreifen. An ihrem Leben erkennen wir die zahllosen Menschen, die den Zölibat als Gnade erfahren haben und anderen auf ihrem Lebensweg eine Inspiration waren. Die Regel bietet keinen Fluchtweg, sondern Ansporn und Wege, mit den Belastungen und Herausforderungen umzugehen. Sie gibt uns keine Antworten vor, aber Werte, Qualitäten und praktische Weisheit zum Nachdenken und Anwenden.

Liebevolle Beziehungen und guter Eifer sind sicherlich gefragt. Die Menschheit und die Erde, von der unser Überleben abhängt, waren niemals zuvor so bedroht und geschwächt. Die Gewalt nimmt überhand. Der Mißbrauch unseres Planeten entlarvt uns in den ersten Jahren des neuen Jahrtausends als eine tief beschämte und keineswegs spirituelle Menschheit.

Die Glaubwürdigkeit der Kirche zu Themen wie Zölibat oder Sexualität ist in der letzten Zeit ernsthaft auf den Prüfstein gekommen. Höchst beunruhigende Berichte über den Mißbrauch katholischer Nonnen durch Geistliche wurden in der Öffentlichkeit diskutiert.

Die Berichte betreffen hauptsächlich Afrika, beziehen sich aber insgesamt auf 23 Länder, in denen man von ähnlichem Mißbrauch weiß. Sie zeichnen das Bild einer Kirche, in der Geistliche ihren Status, der ihnen durch ihre Ausbildung zukommt, ausnutzen und ihre Verpflichtung zur Keuschheit, die der Zölibat von ihnen verlangt, ignorieren.

Sr. Marie McDonald von den Missionarinnen Unserer Lieben Frau von Afrika, eine der Verfasserinnen der Berichte, nennt acht Faktoren, die ihrer Meinung nach der Grund für dieses Problem sind:[5]

- Die Tatsache, daß der Zölibat und/oder die Keuschheit in manchen Ländern keinen Wert darstellen.
- Die untergeordnete Stellung der Frau in Gesellschaft und Kirche. Unter Umständen ist eine Schwester dazu erzogen worden, sich selbst als minderwertig zu betrachten, unterwürfig zu sein und zu gehorchen. Eine irreführende theo-

logische Argumentation sieht etwa so aus: »Wir sind beide dem Zölibat geweiht. Das heißt, daß wir versprochen haben, nicht zu heiraten. Wir können jedoch Sex miteinander haben, ohne unsere Gelübde zu brechen.«

- Die allgemeine Verbreitung von Aids, während »Schwestern« im allgemeinen als sicher gelten.
- Finanzielle Abhängigkeit durch niedrige Gehälter für Schwestern, die in ihrem Heimatland arbeiten, oder eine unzureichende Unterstützung für Schwestern, die zum Studium ins Ausland geschickt werden. In diözesanen Schwesternkongregationen mit wenig finanziellen Mitteln und ohne internationale Vernetzung ist dieses Problem an der Tagesordnung.
- Ein mangelhaftes Verständnis für ein geweihtes Leben, sowohl bei den Schwestern als auch bei den Geistlichen, Bischöfen und Laien.
- Aufnahme von Kandidatinnen durch Kongregationen, die nicht über ausreichende Kenntnisse der Kultur verfügen.
- Schwestern, die zum Studium ins Ausland geschickt werden, sind oft zu jung und unreif, haben nicht genug Fremdsprachenkenntnisse, Vorbereitung und andere Arten der Unterstützung, und wenden sich oft hilfesuchend an Seminaristen oder Priester und schaffen so das Potential für die Ausnutzung. (Valerie Saiving weist darauf hin, daß wir als Frauen für Versuchungen anfällig sein können, die eher aus einer Selbstverneinung resultieren als aus Stolz oder Machtgier.)[6]
- Stillschweigen. Ein weiterer Faktor, der dazu beiträgt, ist ein »Stillschweigeabkommen«. Nur, wenn wir das Problem aufrichtig betrachten, werden wir in der Lage sein, Lösungen zu finden.

Antworten auf Mißbrauch

Es gab innerhalb der Kirche einige ernsthafte Versuche, das Problem des sexuellen Mißbrauchs zwischen Geistlichen und Ordensfrauen anzusprechen und sich der Ernüchterung und dem Zynismus mit Aufrichtigkeit, Mitgefühl und Gerechtigkeit zu nähern.

Als Benediktinerinnen

Im September 2000 wurde dieses Thema von Sr. Esther Fangman OSB, Präsidentin der Föderation der hl. Scholastika, auf dem Äbtekongreß hier in Rom angesprochen. Die Schwestern, die das Problem zur Sprache brachten, waren zutiefst verletzt und fanden es sehr schmerzlich, darüber zu reden. Sr. Esther entschied, daß viel offener darüber gesprochen werden müsse. Die Häufigkeit und der übereinstimmende Inhalt der Berichte überzeugten sie, daß das Thema angesprochen werden mußte.

Abtprimas Notker Wolf sagte: Ich denke, der beschriebene Mißbrauch findet tatsächlich statt. Wie sehr, das kann ich nicht beurteilen, aber es ist ein ernstes Problem, und wir müssen darüber sprechen. Ich habe die Frage in unserer Kongregation als dringlich erklärt. Was wir brauchen, ist Aufrichtigkeit und Gerechtigkeit.[7]

Die internationale Vereinigung der Generaloberen

Bei der Vollversammlung der International Union of Superiors General (UISG) in Rom vom 6. bis 10. Mai 2001 wurde von den teilnehmenden Ordensoberinnen, die Mitglied der Internationalen Vereinigung der Generaloberen sind, eine Erklärung abgegeben:

»Wir, fast 800 Oberinnen von einer Million Mitgliedern katholischer Ordensinstitute auf der ganzen Welt, erklären öffentlich unsere Entschlossenheit, solidarisch innerhalb unserer eigenen Ordensgemeinschaften und in den Ländern, in denen wir leben, zusammenzuarbeiten, um beharrlich auf jeder Ebene den Mißbrauch und die sexuelle Ausbeutung von Frauen und Kindern anzusprechen, mit besonderem Hinweis auf den Frauenhandel, der ein lukratives internationales Geschäft geworden ist.« Sie empfahlen, sich diesem Unrecht aus einer kontemplativen Haltung heraus zu widmen, als Ausdruck einer in Fleisch und Blut übergegangenen weiblichen Spiritualität und in Solidarität mit den Frauen auf der ganzen Welt.

Gibt es noch Feuer unter der Asche?

Diejenigen, die mißbraucht wurden, und auch andere in der Gemeinschaft sehen sich »in den Grundfesten ihres Glaubens erschüttert«. Die Liebe ist in Gefahr, wenn das Vertrauen gebrochen ist. Viele, deren Glaube erschüttert worden ist, kommen aus Familien, die mit Unbehagen auf Ordensberufungen sehen, und die sich fragen, warum der Zölibat ausgerechnet von den Menschen so vehement verkündet wird, die auf der anderen Seite anscheinend an der sexuellen Ausnutzung anderer beteiligt sind. Dies wird als Heuchelei empfunden oder zumindest doch als Förderung einer doppelten Moral.

Aber unter denjenigen, die Mißbrauch, Verlust, Abschiebung, Leiden erduldet haben, gibt es auch schon Anzeichen einer neuen, tieferen Spiritualität, die sie wie ein innerer Hunger bewegt, der gestillt werden muß. Dieser Hunger drängt die kirchliche Gemeinschaft zu heilen, zur Ganzheit und einem tiefen Mitgefühl mit allen Menschen, mit unserer Erde und mit allen Lebewesen. Wo ist für uns heute der authentische Weg des guten Eifers? Gibt es noch Feuer unter der Asche?

Die monastische Profeß

Angesichts von so viel Zynismus und Enttäuschung besteht die Herausforderung heute darin, den Zölibat nicht aufzugeben, sondern sich wieder bewußt zu machen, wie wir als Benediktinerinnen diesen Aspekt unseres Lebens besser verstehen können, und herauszufinden, welches Geschenk er für unsere Welt bereithalten kann. Lassen sie uns diejenigen Frauen und Männer aus verschiedenen Zeiten und Kulturen feiern, die leuchtende Beispiele für die Lebenskraft der gottgeweihten Ehelosigkeit sind.

Der christliche Glaube drückt seine tiefsten Wahrheiten in Paradoxen aus. Der Zölibat ist eines der Paradoxe unseres Glaubens. Daß der Zölibat lebensspendend sein kann, ruft oft Überraschung und Unglauben hervor. Wie alle Paradoxe gibt er uns zu denken, er bereitet uns Kopfzerbrechen. Wie alle Paradoxe ist er schwer zu beschreiben. Wir wissen eigentlich mehr über ihn, als wir in Worte fassen können. Unsere Erfahrung ist unserem Wortschatz weit voraus. Trends, Entwicklungen, Veränderungen können nur im Nachhinein identifiziert und benannt werden.

Nach dem 2. Vatikanischen Konzil und der Veröffentlichung von »Perfectae Caritatis« (1965) ging eine Welle der Veränderung durch unsere benediktinischen Frauengemeinschaften. Das neue Verständnis drückte sich in den Worten aus, die wir damals benutzten.

Wie die im Jahr 2000 veröffentlichte Untersuchung der Australischen Katholischen Bischofskonferenz zeigt, deutete nur wenig auf eine übereinstimmende Praxis bei der Wortwahl »Versprechen« oder »Gelübde« für die Bindung hin. Große Unterschiede traten auch in Bezug auf die drei monastischen Gelübde – Stabilität, klösterlicher Lebenswandel und Gehorsam –

und die evangelischen Räte Armut, Keuschheit und Gehorsam zutage. Es stellte sich heraus, daß, obwohl Stabilität, klösterlicher Lebenswandel und Gehorsam oft als drei unterschiedliche Gelübde angesehen werden, sie in ihrer Art sehr ähnlich und verwandt sind. Sie sind drei miteinander verbundene Aspekte einer integrierten Lebensweise.[8]

Gemäß Kapitel 58, Vers 17 der Benediktsregel tritt die Novizin »im Oratorium vor die gesamte Gemeinschaft und verspricht Beständigkeit, klösterlichen Lebenswandel und Gehorsam«. Mit der Zeit wurden diese drei als unterschiedliche Gelübde gesehen. RB 58,17 ist jedoch, wie Casey herausstellt, keine Auflistung der Versprechen, die die Novizin ablegt, sondern vielmehr gibt das Kapitel einen Überblick über die grundsätzliche Haltung, in der die Gelübde gelebt werden sollen. Es geht nicht darum, drei unterschiedliche und gegeneinander abgegrenzte Verpflichtungen einzugehen; vielmehr verspricht die Schwester »eine monastische Lebensweise, so wie sie in einem ganz bestimmten Kloster gelebt wurde, und wie sie durch eine bestimmte Regel und eine bestimmte Priorin festgelegt wurde«. Die drei Aspekte überschneiden sich also. Sie sind nicht drei neu zu übernehmende unterschiedliche Verpflichtungen, sondern drei Aspekte der einen verpflichtenden Bindung, die die neue Benediktinerin eingeht. Die drei unterschiedlichen Ausdrücke können als feierliche Erklärung und Bekräftigung gelten: »Was zweimal wiederholt wird, kann wohl kaum als Versprecher gelten.«[9]

Benedikt spricht in seiner Regel nur selten ausdrücklich von der Keuschheit. In Kapitel 4 nennt er »die Keuschheit lieben (*amare*)« (V. 64) eines der »Werkzeuge der guten Werke«. Nach RB 64,9 muß die Priorin keusch, maßvoll und gütig sein. Die Barmherzigkeit gehe ihr immer über strenges Gericht. Sie hasse die Fehler und liebe die Schwestern. (Vgl. RB 64,9) Der Begriff Keuschheit wird in beiden Fällen positiv im Zusammenhang von Liebe und Beziehung gebraucht. Für Benedikt sind Keuschheit (und Armut) keine eigenen Versprechen. Keuschheit wird nicht als ein weiteres Gelübde gesehen, sondern vielmehr im Verhältnis zur gesamten Lebensweise und zu dem, was sie von einer Ordensfrau verlangt und ihr als Geschenk anbietet.

Ein Ergebnis einer integrierten, ganzheitlichen Sicht der Gelübde ist, daß die ungesunde Überbetonung der Keuschheit relativiert wird. Nicht, daß die Qualität der Sexualität keinen bedeutenden Faktor bei der Beurteilung des Lebens als Ganzes darstellt, aber diese Dinge werden im rechten Verhältnis gesehen (vgl. Casey).

O'Murchu befürwortet eine Veränderung im Sprachgebrauch des Wortes Zölibat. »Wir müssen die traditionelle Verwendung des Wortes Zölibat aufgeben und uns statt dessen den Ausdruck ›in Beziehung mit‹ aneignen. Das Gelübde, ›in Beziehung‹ zu leben, ist ein Aufruf, sich mit den auftretenden Fragen zu psychosexuellen Beziehungen in der heutigen Welt zu beschäftigen, die Realität, so wie sie sich darstellt, mit Unterscheidungsgabe und Feingefühl wahrzunehmen, den tieferen archetypischen Sinn dieser Entwicklung ans Licht zu bringen, den Entwicklungsprozeß in einer ganzheitlichen und befreienden Weise zu benennen, die spirituelle Bedeutung dieser neuen Sichtweise hervorzuheben und soziale und politische Strategien zu erarbeiten, um das wieder zu integrieren, was wir in unserer destruktiven a-sexuellen und leibfeindlichen Lebensweise so lange abgespalten haben.« (S. 49)

Die Liebe wählen

Von Beginn an ist die Berufung zu einem monastischen Leben eine Berufung zu Liebe, Leben und Beziehungen. »Und der Herr sucht in der Volksmenge, der er dies zuruft, einen Arbeiter für sich und sagt: ›Wer ist der Mensch, der das Leben liebt und gute Tage zu sehen wünscht?‹« Der Ruf ist deutlich und es gibt Raum für eine persönliche Wahl und Antwort. »Wenn jemand das hört und antwortet ›ich‹, ... zeigt uns der Herr in Liebe den Weg des Lebens.« (Vgl. RB Prol 14–20)

Der Schwerpunkt bei der Zeremonie der monastischen Profeß liegt in RB 58 eindeutig auf dem, was die Novizin tut, nicht auf dem, was die Kirche oder die Gemeinschaft für die Novizin tut. Es ist ein bewußter Akt der Liebe. Es ist eine persönliche Entscheidung. Die Novizin schreibt die Urkunde eigenhändig, legt sie selbst auf den Altar, singt das »*Suscipe*« – »Nimm mich auf, Herr, nach deinem Wort, und ich werde leben; laß mich in meiner Hoffnung nicht scheitern.« (RB 58,20–22)

Die Entscheidung für den Zölibat muß eine Entscheidung *für* Liebe, *für* Leben, *für* Beziehung sein, nicht *dagegen*. Befähigung, nicht Unterdrückung; eher Integration als Spaltung; Leidenschaft, nicht Streben nach Besitz; Entwicklung, nicht Ereignis; eher Chance als Ablehnung; eher Offenheit als Einengung und eher Engagement als Rückzug.

Die Schule für den Dienst des Herrn: Lernen zu lieben

Manchmal begegnen wir Menschen, die die Fähigkeit haben, aus einer anderen Zeit zu uns zu sprechen, und dennoch mit einer unglaublichen Relevanz und Treffsicherheit in unsere Zeit sprechen. Benedikt ist ein solcher Mensch. Ein anderer ist Gertrud die Große von Helfta.

Gertrud von Helfta

Gertrud von Helfta, Nonne im 13. Jahrhundert, führende weibliche Schriftstellerin, Visionärin und Mystikerin, ruft uns in ihren Schriften zu einer neuen Wahrnehmung von Gottes bedingungsloser Liebe für alle Lebewesen auf.

Im Prolog der Regel drückt Benedikt seine Absicht aus, »eine Schule für den Dienst des Herrn« (RB Prol 45) einzurichten. Gertrud greift viele von Benedikts Bildern auf, wenn sie vom Wachstum in der Liebe auf ihrer monastischen Reise spricht. Die Schule für den Dienst des Herrn ist ein Bild, das sie in ihre Gebete und Rituale, die in den »Geistlichen Übungen«[10] enthalten sind, aufnimmt. Das Ziel dieser Schule sieht sie in einem beständigen Wachstum in der Liebe, im monastischen Leben, der Einfachheit und der Heiligkeit. Sie erweitert die Begriffe und nennt die Schule bisweilen »Schule der Barmherzigkeit«, »Schule des Heiligen Geistes« (GÜ 2,23a), »Schule der keuschen Liebe« (GÜ 5,317), der fürsorglichen Liebe.

Ihre Spiritualität ist ausgesprochen feminin, sie ist ernsthaft, reif, maßgebend, sehr persönlich, aber trotzdem entschieden auf Beziehung ausgerichtet, sie ist auf das Wohlergehen der Menschen um sie herum gerichtet, besonders derjenigen in ihrer Gemeinschaft. Ihre Spiritualität wurzelt in der Heiligen Schrift und in den Psalmen, in die sie die Kraft und Einsicht ihrer mystischen Erfahrungen einbringt; Erfahrungen einer Frau, die oft die männliche Sprache ihrer Quellen benutzt, jedoch in diese Sprache eine neue Frische bringt. Auch wenn sie oft männliche Bilder benutzt, besteht sie doch darauf, ihre weibliche Sichtweise zu bewahren.[11]

Sie allegorisiert die Gott zugeschriebenen Eigenschaften. Die Liebe wird als »Königin der Königinnen, Liebe« personifiziert (vgl. GÜ 5,382). Sie spricht über den weiblichen Aspekt Gottes, wenn sie bei der Übung der göttlichen Liebe (GÜ 5) ausruft: »Wie schön bist du, o innige Liebe, Gott, und wie anmutig, wie wert, dich, Geliebteste, zu bewundern und anzublicken in deinen

Wonnen ... Du Königin: auf dem göttlichen Thronsitz nimmst du den ersten Platz ein, ... Du, für immer die Gemahlin und die Braut des höchsten Gottes: deine Freude ist es, mit ihm zu wohnen ...« (GÜ 5,70ff)

Im weiteren Verlauf des Kapitels über die göttliche Liebe wendet sie sich, um ihre Lehre über die Liebe zu entfalten, den sieben liturgischen Tagzeiten zu:

Zu den Laudes bete:	daß du die Kunst der Liebe gelehrt wirst (vgl. GÜ 5,286f).
Zur Prim bete:	daß du in die Schule der Liebe eingeführt wirst, in der Gott Lehrer und Meister ist (vgl. GÜ 5,310.324).
Zur Terz bete:	daß du das Alphabet lernst, mit dem der Geist das Gesetz seiner Liebe in dein Herz schreibt (vgl. GÜ 5,328f).
Zur Sext bete:	daß du lernst, den Herrn zu erkennen, nicht nur dem Buchstaben nach, sondern in Wahrheit (vgl. GÜ 5,366f).
Zur Non bete:	daß du zum Kriegsdienst der Liebe zugelassen werdest und dich mit einem Eid binden darfst (vgl. GÜ 5,372ff).
Zur Vesper bete:	daß du in der Rüstung der Liebe festen Schrittes gehen und über das Böse triumphieren kannst (vgl. GÜ 5,398ff).
Zur Komplet bete:	daß du, die Welt vergessend, in die vollständige liebende Vereinigung mit Gott eingehen mögest (vgl. GÜ 5,431ff).

Benedikt spricht vom letztendlichen Sinn dieser Schule für den Herrendienst in Ausdrücken von Liebe: »Wer aber im klösterlichen Leben und im Glauben fortschreitet, dem wird das Herz weit, und er läuft in unsagbarem Glück der Liebe den Weg der

Gebote Gottes.« (RB Prol 49) In deutlicher Anlehnung an diese Worte Benedikts drückt Gertrud ihre Hoffnung aus, sie möge »Fortschritte machen von Tag zu Tag, von Tugend zu Tugend, und täglich ... Frucht bringen auf dem Weg« (GÜ 5,363ff) in der Schule von Gottes inniger Liebe (GÜ 5,361f).

Sie spricht über ihre Sehnsucht nach vereinigender Liebe: »Es folgt nun die Weihe ...; auf Jungfräulichkeit oder Keuschheit achtend, will sie ihm treu anhangen, ihm, ihrem himmlischen Bräutigam, mit reinem Herzen und keuschem Leib und in einer Liebe, die sie eint ...« (GÜ 3,84ff)

Mit befreitem Herzen singt sie ein Jubellied, ein Lied mit kosmischer Dimension, das das ganze Universum in der Freude am Herrn vereint. »Jubeln soll dir deiner Erwählten ganzes Heer, ... Jubeln sollen dir am Himmel alle Gestirne. ... Jubeln sollen dir insgesamt alle deine wunderbaren Werke ...« (GÜ 6,476ff) Denn nicht nur Gertruds Herz ist weit geworden, sondern auch der Weg.

Wenn das Böse sich als guter Eifer ausgibt

Der Jesuit William Johnston weist in seinem Artikel »Der Weg vom Haß zur Liebe«[12] darauf hin, daß wir in unserer Art und Weise, mit internationalen Krisen, wie z. B. dem Anschlag auf das World Trade Center am 11. September 2001, umzugehen, dazu neigen, für uns zu beanspruchen, gut zu sein, während die Terroristen böse sind. Wir sind zu keinerlei Verhandlungen, keinem Dialog, keinen Gesprächen, keiner Barmherzigkeit bereit.

»Das Furchterregende an der Sache ist, daß die islamischen Fundamentalisten, die die Twin Towers zerstört haben, die gleiche Sichtweise haben. Auch sie sind der Meinung, daß sie dem Bösen gegenüberstehen. Sie wollen die korrupte westliche Zivilisation vernichten.«

William Johnston glaubt, daß auf weitere Sicht die Antwort, die einzige Antwort im Dialog und in der Freundschaft – Liebe und gutem Eifer – zwischen den Religionen bestehen kann. Ein Dialog, in dem sich die Religionen gegenseitig positiv herausfordern, sich gegenseitig zur Umkehr der Herzen und zur Abkehr von fanatischem Fundamentalismus verhelfen. Auf diesem Weg werden wir alle unsere authentischen Wurzeln in der Liebe und im Mitgefühl finden. »Wir haben immer gesagt, daß der Dialog zwischen den Religionen für den Weltfrieden notwendig ist. Jetzt aber sagen wir, daß der Dialog zwischen den Religionen unabdingbar für das Überleben der Menschheit ist.« Die gleichen Herausforderungen ziehen sich durch bis in das Gemeinschaftsleben hinein.

Soziologische Herausforderungen im Gemeinschaftsleben

Viele soziologische Herausforderungen ergeben sich heute in unseren Gemeinschaften, weil wir uns darum bemühen, in Beziehung zu leben und untereinander in teilnahmsvollen Dialog zu treten. Moderne Errungenschaften wollen im Licht unserer Werte, die von unserer Kultur und den ganz eigenen Verhaltensmustern und dem Geist des Klosters geprägt sind, überdacht werden. Einige davon könnten vielleicht neue Gebäude, Zentralheizung, Fernsehen, Einrichtung der Wohnräume, Computer, Abschaffung des Tischdienstes, Autos, wachsende Mobilität u. a. m. sein. Das würde für die Schwestern bedeuten, unter einem Dach zu leben und gleichzeitig kaum noch wirklich Kontakt miteinander zu haben. Sean Sammon[13] entdeckt das, was er »geist-betäubende Elemente« nennt, im Zentrum der Betriebsamkeit, die viele von uns in der westlichen Welt heute plagt. Sie führt zu Ermüdung; zu einem selbstbezogenen Narzißmus, zu einem auf Arbeit, Leistung und Nutzen bedachten Pragmatismus und zu einer ungezügelten Ruhelosigkeit. Dieses Bild paßt zur Beschreibung der Gyrovagen, von denen Benedikt sagt, »sie ziehen landauf landab ... immer unterwegs ... sind nie beständig.« (RB 1,10–11) Ohne Zweifel steht solche Betriebsamkeit der Beständigkeit, der Gastfreundschaft und der Kontemplation entgegen. Was ist nun Herausforderung, was Gnade? Wahrhaft dieses aufmerksame Hören zu erlangen, das Hören mit dem Ohr des Herzens, das Benedikt lehrt.[14]

In Kapitel 42 der Regel Benedikts lesen wir, daß »die Mönche sich immer mit Eifer um das Schweigen bemühen« müssen (V. 1). Nach einer eindringlichen Einladung an die Arbeiter im Prolog »Wer ist der Mensch, der das Leben liebt und gute Tage zu sehen wünscht?« (Vv. 15–17) werden diejenigen, die mit »ich« antworten, aufmerksam gemacht, daß die erste Voraussetzung ist, die »Zunge vor böser Rede zu bewahren«. An mehreren Stellen der Regel spricht Benedikt vehement gegen das Laster des Murrens und Nörgelns in der Gemeinschaft. (RB 5,14; 34,6; 40,8.9)

Wenn liebevolle Beziehungen auseinanderbrechen, kann uns das erdrücken. Einige Verhaltensmuster sind für ein Gemeinschaftsleben destruktiv. Schweigende Duldung, die das, was nicht in Ordnung ist, ignoriert und leugnet, anstatt die Schwester durch konstruktive Kritik zu dem Besten in ihr zu ermutigen, ist grundsätzlich abzulehnen.

Das geteilte Herz

In unserem Bemühen um gegenseitige Liebe in der Gemeinschaft können die meisten von uns die Klage des hl. Paulus in seinem Brief an die Römer (Röm 7,19) verstehen. Er spricht von einem Herzen und einem Willen, die zerrissen und geteilt sind: »... denn ich tue nicht das Gute, das ich will«. Beschämt erfährt er sich selbst als »lieblos« – Kämpfe, Scheitern, Konflikte. Sie führen uns dazu, unsere Intentionen und Motivationen zu überprüfen. Sie laden uns ein, über Fragen nachzudenken, die uns zum Wachstum führen können. Was ist meine Motivation? Wo ist mein Herz? Diese Fragen laden uns ein, unsere Realität auf einer tieferen Ebene zu sehen, mit einer »Weisheit des Herzens«, die Joan Chittister Kontemplation nennt. Kontemplation ist die Fähigkeit, eine ganze Welt zu sehen, statt nur einen Teil von ihr. Es ist die Weisheit des Herzens, die uns ermöglicht, Illusionen zu erkennen. Es ist die Weisheit, die tiefer sieht. (Womanstrength, S. 52.57)

Evangelische Freundschaft

Evagrius Ponticus behauptet, daß ein Mensch nicht monastisch leben kann, wenn er keine Freunde hat, »denn der Mönch ist ein Mensch, der gleichzeitig von allen getrennt und mit allen vereint ist«. Freundschaft gehört zur Ganzheit des Menschen dazu. Jemand, der keine Freunde hat, ist nicht ganz. Timothy Radcliffe hat bemerkt, daß »unsere wirkliche Sorge nicht Partikularfreundschaften in der Gemeinschaft gelten sollte, sondern vielmehr Partikularfeindschaften« (S. 197). »Heute, wenn ihr seine Stimme hört, verhärtet eure Herzen nicht.« (RB Prol 10)

»Die gesamte Ordensgeschichte gibt Zeugnis von der Bedeutung, die Ordensleute der Herausforderung, als eine Gemeinschaft von Freunden zu leben, beigemessen haben. Gelehrt wurde sie oft unter Begriffen wie Nächstenliebe, Gemeinschaftsleben, brüderliche Liebe, gerechte Gemeinschaft. ...Wenn man aber genauer hinsieht, geht es immer um die besondere und individuelle Liebe der einzelnen Mitglieder der Gemeinschaft untereinander, die Priorität gegenüber allen anderen Beziehungen hat, selbst gegenüber denen zur eigenen Familie.« (Schneiders, S. 297)

Das letzte Abendmahl: am Tisch bleiben

Jesus versammelt seine Jünger zum letzten Abendmahl und lehrt uns dadurch eine Menge über hingebungsvolle Liebe und das wahre Wesen von Gemeinschaft. Er versammelt sie um einen Tisch und im universellen Freundschaftssymbol des Mahlhaltens, Brotbrechens und Weintrinkens miteinander. Wie wir jedoch wissen, war die Gruppe weit davon entfernt, eines Herzens und eines Sinnes zu sein; sie befand sich vielmehr in Auseinandersetzungen, im Wettstreit um die Rangfolge, war blind gegenüber ihrer Fähigkeit zum Verrat, gefangen in ihren eigenen Interessen.

Und was tut Jesus inmitten all der Konflikte und Streitigkeiten? Er bleibt am Tisch sitzen. Mit Glaube und Geduld macht er immer weiter. Er gibt Zeugnis dafür, daß Schwierigkeiten, Streit und gravierende Lieblosigkeit nicht das Ende bedeuten müssen. Er erinnert sie an einige seiner tiefgründigen Lehren. Er ruft sie in eine größere Tiefe: »Das ist mein Gebot: Liebt einander, so wie ich euch geliebt habe. Ich nenne euch Freunde. Es gibt keine größere Liebe, als wenn einer sein Leben für seine Freunde hingibt. Ich nenne euch nicht mehr Knechte ... vielmehr habe ich euch Freunde genannt. Ihr seid meine Freunde, wenn ihr tut, was ich euch auftrage. Nicht ihr habt mich erwählt, sondern ich habe euch erwählt.« (Joh 15,12–16)

Der Umgang mit Leiden, Tod und Verlust fordert uns auf, in das österliche Geheimnis einzudringen. Unter Drohung wird man immer eher aus Furcht als aus Liebe handeln, wird man sich eher zurückziehen, die Schotten dicht machen und versuchen zusammenzuhalten, was wir für schwindende Ressourcen halten – Geld, Menschen, Zeit, Energie, Gebäude, unsere eigenen Gefühle, Liebe u. a. m. Dies führt aber letztlich zum Tod. Manchmal ist das einzige, was wir tun können, in der Dunkelheit zu warten. Aber in der Dunkelheit kann man viel lernen. Dunkelheit bedeutet nicht, so lange zu warten, bis das, was wir uns wünschen, eintritt, sondern vielmehr im Warten soviel weiter zu werden, daß es unseren Wunsch wandeln kann. Offenheit kann zu Verwandlung in Liebe führen.

Liebe, guter Eifer

Möge der Heilige Geist uns fähig machen, die Fülle des guten Eifers zu erfahren, die Verwandlung, von der Benedikt spricht. Mögen wir den Weg der Gebote Gottes gehen mit Herzen, die von unsagbarem Glück der Liebe überfließen. (Vgl. RB Prol 49)

Gebet der hl. Gertrud

Die hl. Gertrud betet in ihren Geistlichen Übungen ein Gebet, das wir uns alle, die wir über den guten Eifer nachsinnen, zu eigen machen könnten:

»Komm, o gnadenreiche Sonne der Morgendämmerung, und laß mich durch die Salbung deines Heiligen Geistes neu erblühen. Wende meine Seele zu dir mit der mächtigen Kraft deiner Liebe, dann werde ich auf dem Weg deiner Gebote eilen und nicht müde werden. Erleuchte meinen Verstand mit dem Licht deiner Liebe, lehre mich, führe mich und forme mich in der Tiefe meines Herzens. Drücke mir das Siegel der Liebe auf und binde mich an dich mit einem Band, das nichts jemals schwächen oder zerreißen kann. Amen. Alleluja.«[15]

Aus dem Englischen übersetzt von Iris Guntermann

ANMERKUNGEN

1 Gregor der Große, Der hl. Benedikt. Buch II der Dialoge. Lat./dt. Hrsg. i. Auftr. d. Salzburger Äbtekonferenz. St. Ottilien 1995, (Dial.).

2 Cyprian von Karthago, De Dominica Oratione 15. In: Corpus Scriptorum Ecclesiasticorum Latinorum 3,1. Dt. Übersetzung in: Bibliothek der Kirchenväter 34, S. 178.

3 Basilius von Caesarea, Die Mönchsregeln. Hinführung und Übersetzung von K. Suso Frank. St. Ottilien 1981. Darin: Die längeren Regeln, S. 74ff., (Reg.lg.).

4 Woman and Man One in Christ Jesus. By McDonald and others. Melbourne 1996, S. 315.

5 National Catholic Reporter, 16 March 2001.

6 Valerie Saiving, The Human Situation. In: Womanspirit Rising. Ed. by Carol Christ and Judith Plaskow. New York 1979, S. 37f.
»Die Versuchungen der Frau als Frau sind nicht die gleichen wie die Versuchungen des Mannes als Mann, und die spezifisch weiblichen Formen von Sünde – weiblich nicht, weil sie von Frauen begangen werden oder weil Frauen unfähig wären, in anderer Weise zu sündigen, sondern weil sie aus der grundlegenden weiblichen Charakterstruktur hervorgehen – haben Merkmale, die nie mit Begriffen wie Stolz und Machtwillen zu erfassen sind. Näher kommen ihnen Ausdrücke wie Trivialität, Ablenkbarkeit und Weitschweifigkeit; Fehlen eines strukturierenden Zentrums oder Zielpunktes, Abhängigkeit von anderen für das eigene Selbstverständnis, Duldsamkeit (Nachgiebigkeit) auf Kosten von Qualitätsstandards; Unfähigkeit, die Grenzen des persönlichen Freiraums [anderer] zu respektieren; Sentimentalität, geschwätzige Geselligkeit und Mißtrauen gegenüber Vernunft – kurz: Unterentwicklung oder Verneinung der eigenen Person.«

7 National Catholic Reporter, 16 March 2001.

8 Monastic Profession: Commitment to a Way of Life. Ed. by Ephrem Hollermann OSB. USA, January 2000.

9 Michael Casey, The Benedictine Promises. In: Tjurunga Nr. 24, 1983, S. 17–34.

10 Gertrud von Helfta, Exercitia spiritualia – Geistliche Übungen Lateinisch und deutsch. Hrsg., übers. und komm. von Siegfried Ringler. Elberfeld 2001. (GÜ).

11 Vgl. G. J. & J. Lewis, Gertrud The Great of Helfta. Spiritual Exercises. Kalmazoo 1989.

12 William Johnston, The Path from Hate to Love. The Tablet. 5. Januar 2002, S. 9–10.

[13] Sean Sammon, Celibate Chastity, An Affair of the Heart. In: Priests & People. April 2001, S. 134–139.

[14] Miriam Rose Ungunmerr-Bauman, »Dadirri«. In: Aboriginal & Torres Strait Islander Apostolate. Ed. by Joan Hendriks and Gerry Hefferan. Catholic Archdiocese of Brisbane, 1993, S. 34–36.

Miriam Rose Ungunmerr-Bauman, Aborigine Künstlerin, Schriftstellerin, Mutter und Leiterin der Franz-Xaver-Schule in Daly River, Northern Territory, Australien, erläutert ihre Praxis des *dadirri,* das der Vorstellung Benedikts von der Aufmerksamkeit mit dem Ohr des Herzens (vgl. RB Prol 1) recht ähnlich zu sein scheint. »Es ist ein inneres tiefes Lauschen und eine ruhige, stille Wachheit. Wenn ich *dadirri* erlebe, werde ich wieder ganz. Ich kann am Flußufer sitzen oder unter Bäumen spazieren; sogar wenn jemand mir Nahestehender weggegangen ist, kann ich meinen Frieden in diesem stillen Aufmerken finden. Man braucht keine Worte. Ein großer Teil des *dadirri* ist Lauschen. Im Lauf der Jahre haben wir unseren Geschichten zugehört. Sie werden erzählt und gesungen, wieder und wieder im Verlauf der Jahreszeiten. Noch heute versammeln wir uns um die Lagerfeuer und hören gemeinsam unsere heiligen Geschichten. ... Der kontemplative Weg des *dadirri* durchzieht unser ganzes Leben. Er macht uns neu und bringt uns Frieden. Er bewirkt, daß wir uns wieder ganz fühlen.«

[15] Nach Gertrud von Helfta, Geistliche Übung 7, bearbeitet von Ruth Fox OSB.

LITERATURHINWEISE

Roberta Bondi, To Love as God Loves. Conversations with the Early Church. USA 1987.

Michael Casey, Truthful Living. Saint Benedict's Teaching on Humility. Petersham, Massachusetts 1999.

Michael Casey, The Undivided Heart. The Western Monastic Approach to Contemplation. Petersham, Massachusetts 1994.

Joan Chittister, Unter der Asche ein heimliches Feuer. Spiritueller Aufbruch heute, München 2000.

Joan Chittister, Womanstrength. New York 1990.

Developing an Australian Theology. Ed. by Peter Malone. Strathfield 1999.

Demetrius Dumm, Cherish Christ Above All: The Bible in the Rule of Benedict. Mahwah 1996.

Barbara Fiand, Where Two or Three Are Gathered: Community Life for the Contemporary Religious. New York 1993.

Gertrude of Helfta, The Herald of Divine Love. The Classics of Western Spirituality. New York 1993.
Denis Huerre, Letters to My Brothers and Sisters: Living by the Rule of St Benedict. Minnesota 1994.
Kongregation für die Institute des geweihten Lebens und die Gesellschaften des apostolischen Leben, Das brüderliche und schwesterliche Leben in Gemeinschaft. »*Congregavit nos in unum Christi amor.*« Bonn 1994.
Vicki Mackenzie, Cave in the Snow: A western women's quest for enlightenment. London 1998.
Francis J. Moloney, A life of Promise: Poverty, Chastity, Obedience. Homebush 1985.
Kevin O'Farrell, Abbot. Notes on his Office. Victoria 1999.
Diarmuid O'Murchu, Poverty, Celibacy and Obedience. A radical Option for life. New York 1999.
Parker Palmer, On Staying at the Table: A Spirituality of Christian Community. Winona 1985.
Timothy Radcliffe, The Affective Life. In: Religious Life Review. July/August 1998, S. 194–212.
Sandra Schneiders, Selling All. Commitment, Consecrated Celibacy, and Community in Catholic Religious Life. New York 2001.
Columba Stewart, Prayer and Community: The Benedictine Tradition. Trowbridge 1998.
Evelyn and James Whitehead, Wisdom of the Body: Making Sense of Our Sexuality. New York 2001.

Miriam Alejandrino OSB

Evangelisierung und guter Eifer

Einführung

Sr. Aquinata hat das Thema unseres Symposiums »RB 72 – In der Werkstatt des Klosters« sehr sorgfältig mittels der synchronischen und diachronischen Analyse von RB 72 behandelt. Ihre wissenschaftliche und an Einsichten reiche Erklärung von RB 72 gibt für das mir für dieses Symposium gestellte Thema eine gute Grundlage ab.

Ursprünglich lautete der Titel des mir gestellten Themas: »Evangelisierung – Frucht des guten Eifers.« Ich nahm zunächst das Thema ohne viel Hin und Her an. Nachdem ich jedoch einschlägiges Material gelesen hatte, fragte ich, ob wir nicht das Wort »Frucht« fallen lassen und den Titel schlicht in »Evangelisierung und guter Eifer« umformulieren sollten. Das Wort »Frucht« erweckt die Vorstellung von einem Baum, der zur rechten Jahreszeit Früchte trägt. Wie der gute Eifer sollte aber auch Evangelisierung nicht etwas »Jahreszeitenbedingtes« sein.

Der gute Eifer, der von Sr. Aquinata als die glühende Liebe zu Christus beschrieben wurde, die ihren Ausdruck in unserer Liebe zu allen Menschen findet, ist dem Herzen eines jeden Christen in der Taufe eingeprägt worden. Der hl. Paulus schreibt: »Die Liebe Christi ist ausgegossen in unsere Herzen durch den Heiligen Geist.« (Röm 5,5) Durch die Ausgießung des Heiligen Geistes in unser Inneres durch die Sakramente der Taufe und Firmung hat jeder getaufte Christ teil an dieser Liebe, indem er teilnimmt an der Sendung Christi, allen Völkern die Liebe Gottes zu verkünden.

Evangelisierung gehört zum Leben jedes getauften Christen. Die Enzyklika Redemptoris Missio sagt das ganz deutlich.

»Der missionarische Impuls ist zutiefst in der Natur des christlichen Lebens verwurzelt… Der Sendungsauftrag gilt für alle Christen, für alle Diözesen und Pfarreien, für die kirchlichen Institutionen und Vereinigungen. … Die neue Evangelisierung der christlichen Völker findet Anregung und Halt im Einsatz für die sich weltweit betätigende Mission.« (Nr. 1 u. 2)

Mein Vortrag hat drei Teile:

1. Evangelisierung: Quelle, Bedeutung, Ziel, Inhalt, Mittel der Evangelisierung und die Verkündiger
2. Evangelisierung und Benediktsregel in der Geschichte: Die monastische Kommunität als Gemeinschaft, evangelisiert und evangelisierend
3. Benediktinerinnen und Evangelisierung im dritten Jahrtausend.

1. Evangelisierung: Quelle, Bedeutung, Ziel, Inhalt, Mittel der Evangelisierung und die Verkündiger

Die Gründung der Kirche ist selbst schon Mission, weil die Kirche ihrer ureigenen Natur nach missionarisch ist. »Die pilgernde Kirche ist ihrem Wesen nach ›missionarisch‹ (d. h. als Gesandte unterwegs), da sie selbst ihren Ursprung aus der Sendung des Sohnes und der Sendung des Heiligen Geistes herleitet gemäß dem Plan Gottes des Vaters. Dieser Plan entspringt der ›quellhaften Liebe‹, dem Liebeswollen Gottes des Vaters.« (Ad Gentes 2) Die Dreifaltigkeit ist die Quelle der Verkündigungssendung. Das christliche Leben selbst entstammt dem trinitarischen missionarischen Handeln, und der missionarische

Eifer zur Verkündigung hat seinen rechtmäßigen Platz im normalen christlichen Leben.

Der Ausdruck »Evangelisierung« hat verschiedene Nuancen. So bedeutet er beispielsweise in dem Apostolischen Schreiben Evangelii Nuntiandi »die Frohbotschaft in alle Bereiche der Menschheit zu bringen und sie durch deren Einfluß von innen her umzuwandeln und die Menschheit selbst zu erneuern« (Evangelii Nuntiandi 18). Die Kirche erfüllt ihren Verkündigungsauftrag durch eine Reihe verschiedener Aktivitäten. Dies ist ein weitgefaßter Begriff von Evangelisierung. In dem gleichen Dokument erkennt man eine spezifischere Bedeutung von Evangelisierung als »die klare und eindeutige Verkündigung des Herrn Jesus Christus« (Evangelii Nuntiandi 22). Der Papst räumt ein, daß das nur *ein* Aspekt der Verkündigung ist, der aber zeitweise synonym mit dem Ausdruck »Evangelisierung« gebraucht zu werden scheint.

Evangelisierung muß als ein Ganzes aus verschiedenen Elementen angesehen werden. Jedes teilweise, begrenzte oder fragmentarische Verständnis von Evangelisierung läuft Gefahr, den Begriff einzuengen oder zu verzeichnen (Evangelii Nuntiandi 17,24). Evangelisierung oder Verkündigungssendung muß in Beziehung stehen zur Sendung der Kirche insgesamt.

In meinem Referat werde ich den Ausdruck »Evangelisierung« in seiner umfassenden Bedeutung gebrauchen. Diese Bedeutung umfaßt schon Ziel und Inhalt der Evangelisierung. Das Ziel ist die Umwandlung der Menschheit, der Inhalt die frohe Botschaft vom Königreich oder von Jesus Christus selbst.

»Evangelisierung wird immer – als Grundlage, Zentrum und zugleich Höhepunkt ihrer Dynamik – klar verkünden müssen, daß in Jesus Christus, dem menschgewordenen, gestorbenen und auferstandenen Sohne Gottes, das Heil einem jeden Menschen angeboren ist als ein Geschenk der Gnade und des Erbarmens Gottes selbst.« (Evangelii Nuntiandi 27) Die Kirche hat von Christus den Auftrag zu evangelisieren erhalten: »Geht zu allen Völkern und macht alle Menschen zu meinen Jüngern.« (Mt 26,19) Die Sendung, das Evangelium zu verkünden, ist Mittelpunkt des Lebens der Kirche aufgrund der Worte Jesu: »Wie mich der Vater gesandt hat, so sende ich euch.« (Joh 20,21)

Evangelisierung geschieht durch eine ganzheitliche Entwicklung des Menschen in seiner Beziehung zu Gott und der Gemeinschaft. Evangelisierung nimmt den Menschen als Ausgangspunkt, greift über auf seine zwischenmenschlichen Beziehungen und seine Gottesbeziehung (vgl. Evangelii Nuntiandi 20).

Zusammenfassend können wir sagen: die Mittel der Evangelisierung sind Zeugnis oder Präsenz, Verkündigung, Bekehrung und Taufe, die Bildung von Ortskirchen, Inkulturation, Dialog und ganzheitliche menschliche Entwicklung. (Redemptoris Missio 42–49) Redemptoris Missio spricht über diese Einzelheiten in Kapitel 5 über die »Wege der Mission«, die Wege und Mittel ihrer Durchführung.

2. Evangelisierung und Benediktsregel in der Geschichte: Die monastische Kommunität als Gemeinschaft, evangelisiert und evangelisierend

Dieser zweite Teil meines Referats umfaßt drei Abschnitte:
1. Biblische Vorbilder für guten Eifer und Evangelisierung
2. Wie RB 72 in der Geschichte gelebt wurde
3. RB 72 und die Lehre der Kirche

1. Biblische Vorbilder für guten Eifer und Evangelisierung

Abt Jerome hat uns bereits in einer Einzelperson, in Barnabas, ein Vorbild für den guten Eifer gezeigt, der die christliche Gemeinschaft beeinflußt und umgewandelt hat. Die Apostelgeschichte (11,26) berichtet, daß in Antiochien, wo Barnabas und Saulus lebten und lehrten, die Gläubigen zum erstenmal Christen genannt wurden. Nach dem Blick auf den Einzelnen lassen Sie uns nun auf die erste christliche Gemeinschaft schauen.

»Alle, die gläubig geworden waren, bildeten eine Gemeinschaft und hatten alles gemeinsam. ...Tag für Tag verharrten sie einmütig im Tempel, brachen in ihren Häusern das Brot und hielten miteinander Mahl in Freude und Einfalt des Herzens.« (Apg 2,43ff)

Eines der zentralen Ziele der Mission ist es, die Menschen zum Hören des Evangeliums, zur brüderlichen Gemeinschaft im Gebet und zur Feier der Eucharistie zusammenzubringen. Die erste christliche Gemeinschaft, die aus frohen und großherzigen Gliedern bestand, die demütigen Herzens waren, war offen und missionarisch. Noch vor aller Aktivität heißt Evangelisierung Zeugnis geben und ein Leben führen, das auf andere ausstrahlt. (Evangelii Nuntiandi 31–33; 41–42) »Letzter Sinn der Sendung ist es, Anteil zu geben an der Gemeinschaft, die zwischen Vater und Sohn besteht. Die Jünger sollen die Einheit untereinander leben, sie sollen im Vater und im Sohn ›bleiben‹, damit die Welt erkennt und glaubt (vgl. Joh 17, 21–23). Dies ist ein bezeichnender missionarischer Text. Er läßt begreifen, daß man Missionar zuallererst ist durch das, was man ist, als Kirche, die zutiefst die Einheit der Liebe lebt, bevor man es ist durch das, was man sagt oder tut.« (Redemptoris Missio 23)

Das Neue Testament zeigt, daß die Evangelisierung, zunächst Israels und dann der Heiden, auf vielen Ebenen vor sich geht. Zuerst ist da die Gruppe der Zwölf, die als ein einziger Leib von Jesus Christus berufen wurde, bei ihm zu sein und die dann ausgesandt wurde, die frohe Botschaft zu predigen (vgl. Mk 3,13 ff). Dann folgt die Gemeinschaft der Gläubigen, die durch ihre Lebensweise und ihr Tun Zeugnis vom Herrn gibt und die Heiden bekehrt. (Apg 2,46f) Daneben gibt es auch besondere Missionare, die ausgesandt werden, das Evangelium zu verkünden. Die Gemeinschaft der Christen von Antiochien sendet ihre Glieder aus zu evangelisieren: Nachdem sie gefastet, gebetet und die Eucharistie gefeiert hatten, erkannte die Gemeinde, daß der Geist Paulus und Barnabas dazu berufen hatte, ausgesandt zu werden (vgl. Apg 13,1–4).

Die biblischen Texte zeigen, daß Evangelisierung von ihrem Ursprung her Sache der Gemeinschaft ist und zur Verantwortung der Ortskirche gehört. In der Apostelgeschichte wurde die Mission als normales Ergebnis christlichen Lebens betrachtet, an dem jeder Gläubige beteiligt war durch das Zeugnis seines persönlichen Verhaltens und durch ausdrückliche Verkündigung wann immer möglich.

Das monastische Leben ist konkret gelebte Erfahrung von Evangelisierung. Das führt uns zum zweiten Abschnitt dieses Teils: RB 72 in der Geschichte.

2. Wie RB 72 in der Geschichte gelebt wurde

Sr. Aquinata hat mit Recht darauf hingewiesen, daß der gute Eifer intensive Liebe zu Christus und zu den anderen Menschen ist. Es wird in RB 72 deutlich gesagt, daß das Ziel des guten Eifers die Liebe zu Gott und die Sehnsucht nach dem ewigen Leben ist. (RB 72,2.12) Dieser gute Eifer findet seinen Ausdruck in dem glühenden Bestreben der Benediktinerinnen, ehrfürchtig miteinander umzugehen und die körperlichen und charakterlichen Schwächen gegenseitig zu tragen, sowie im Gehorsam (Vv. 3–6). Die Benediktinerinnen könnten alle Schwierigkeiten überwinden und die gegenseitigen Lasten tragen, wenn sie auf das Ziel, die Vereinigung mit Gott und die Sehnsucht nach dem ewigen Leben, ausgerichtet sind.

Die erste Aufgabe einer monastischen Kommunität ist es daher, sich selbst zu evangelisieren, das heißt, diese glühende Liebe durch den Dienst an den anderen und die gegenseitige Annahme sichtbar zu machen – unsere Mission *ad intra.*

Sr. Sonia hat in ihrem Referat sehr gut gezeigt, wie Liebe in den scheinbar kleinen Dingen des Alltags erwiesen werden kann. Liebe verlangt, daß wir Beziehungen zu einer Priorität unseres Lebens machen. Sie verlangt, daß wir beim Bau von Gemeinschaft in unserer Zeit und an unserem Ort zusammenarbeiten.

Evangelisierung muß von innen beginnen, *ad intra.* Ein klassisches Beispiel dafür ist die Kommunität, die Benedikt vorschwebt. In der Regel hat Benedikt klar und deutlich beschrieben, wie eine monastische Gemeinschaft sein soll. Seine Weisheit zeigt sich darin, daß er die Mönche ermahnt, als allererstes die Liebe zu Gott und den Gliedern der Gemeinschaft zu intensivieren (RB 4), weil das Grundlage und gleichzeitig Sprungbrett ist, um die Menschen außerhalb der Klostermauern zu erreichen. Das ist die Mission *ad extra.* (Ad Gentes 11; Redemptoris Missio 34) Lassen Sie uns nun vom 6. Jahrhundert, der Zeit des hl. Benedikt, übergehen zum 8. Jahrhundert, zu den Schriften des Beda Venerabilis[1].

Beda Venerabilis beschreibt, wie die von Papst Gregor dem Großen im Jahr 596 unter der Führung von Augustinus von Canterbury ausgesandte Gruppe von Mönchen bei ihrer Aufgabe der Evangelisierung Englands zu Werk ging.

»Sobald sie das ihnen zur Verfügung gestellte Haus in Besitz genommen hatten, begannen sie, mit dem Leben der Apostel und der Urkirche zu wetteifern. Sie verharrten im Gebet, sie fasteten und durchwachten die Nächte, sie verkündeten das Wort des Lebens, wem immer sie konnten. Weltliche Dinge erachteten sie als bedeutungslos und nahmen nur die zum Leben notwendige Nahrung an von denen, die sie belehrten. Sie lebten, was sie predigten, und waren bereit, alles Harte zu ertragen, sogar für den Glauben, den sie verkündeten, zu sterben. Eine Anzahl von Heiden, die die Einfachheit ihres heiligen Lebens und den Trost ihrer himmlischen Botschaft bewunderten, kamen zum Glauben und wurden getauft.«

Wir alle wissen aus der Geschichte des Benediktinerordens, daß bei jeder Neugründung die erste Aufgabe darin besteht, die Kommunität auf festen Grund zu stellen, bevor man sich an die Mission *ad extra* macht. Monastische Kommunitäten evangelisieren dann, wenn ihre Glieder gemeinsam leben und an Glauben, Freude, Einheit, Vergebungsbereitschaft, Gastfreundschaft und Harmonie festhalten. Dann werden sie für unsere zerrissene und gewalttätige Welt zum Zeugnis dafür, daß es möglich ist, trotz individueller, rassischer und kultureller Unterschiede zusammen zu leben.

Mère Henriette hat uns ein zeitgenössisches Beispiel dafür gezeigt – ihre Kommunität. Ich bin sicher, daß jede von uns hier Anwesenden etwas Entsprechendes aus ihrer Gemeinschaft berichten könnte. Vielleicht geschieht das bei unseren Gesprächen in kleinen Gruppen.

Lassen Sie mich nun zum dritten Abschnitt dieses Teils kommen. Wir wollen untersuchen, ob die benediktinische Praxis – wir können auch vom Brauch sprechen – mit der kirchlichen Lehre in Einklang steht.

3. RB 72 und die Lehre der Kirche

Unser Heiliger Vater Johannes Paul II. spricht von der Bedeutung der Präsenz einer christlichen Gemeinschaft für eine wirksame Evangelisierung in seiner Enzyklika Redemptoris Missio:

»Es ist vor allem notwendig zu versuchen, überall christliche Gemeinden zu errichten, die Zeichen der Gegenwart Gottes in der Welt sein ... sollen. ... Die Verantwortung für eine solche Aufgabe tragen sowohl die Gesamtkirche als auch die Teilkirchen, das gesamte Volk Gottes wie die verschiedenen missionarischen Kräfte. Jede Kirche – auch jene, die aus Neubekehrten besteht – ist ihrer Natur nach missionarisch, hat das Evangelium empfangen und trägt es weiter. ... Das Verkünden des Evangeliums durch die christliche Gemeinde – zunächst in ihrem eigenen Gebiet und schließlich auch anderswo – ist Teilhabe an der allgemeinen Mission und so das deutlichste Zeichen für die Reife des Glaubens. Es bedarf einer radikalen Umkehr der Geisteshaltung, um Missionar zu werden – das gilt für Personen wie für Gemeinden. Der Herr ruft uns unaufhörlich, aufzubrechen aus unserer Selbstverfangenheit, um mit den anderen zu teilen, was wir haben, beginnend mit dem Kostbarsten: dem Glauben.« (Nr. 49)

Das Kirchenrecht (Codex Iuris Canonici) bestimmt bezüglich der Rolle der Ordensfrauen bei der Evangelisierung:

Die Mitglieder der Institute des geweihten Lebens sind kraft ihrer eigenen Weihe an Gott in besonderer Weise dazu verpflichtet, Zeugnis vom Evangelium abzulegen in der ihrem Institut angemessenen Weise (vgl. CIC 758).

Auch Papst Johannes Paul II. erkennt diese bedeutende Rolle an, wenn er schreibt:

»Die Geschichte bestätigt die großen Verdienste der Ordensfamilien bei der Ausbreitung des Glaubens und der Bildung neuer Kirchen: von den alten monastischen Einrichtungen zu den mittelalterlichen Orden bis zu den neuzeitlichen Kongregationen.« (Redemptoris Missio 69)

Wir haben rühmendes Zeugnis zu geben von der Majestät und der Liebe Gottes und der Einheit in Christus (Ad Gentes 40) durch totale Selbsthingabe an Gott und die vollkommene Bereitschaft, nach dem Beispiel Christi der Menschheit und der Gesellschaft zu dienen. (Evangelii Nuntiandi 58f)

Das ist genau das, wofür der hl. Benedikt in seiner Regel eintritt, besonders in RB 72 über den guten Eifer, den die Mönche haben sollen.

Wir sehen also, daß Benedikts Auffassungen zeitgemäß, weil Frucht der *lectio divina* und der *lectio vitae* sind. Die Regel war das Ergebnis seiner *lectio*, *ruminatio*, *meditatio* und *contemplatio* des Wortes Gottes zusammen mit seinen Erfahrungen in der Schule des Herrendienstes. Das muß der Grund dafür sein, daß die Regel bis zum dritten Jahrtausend – und, wie ich glaube, auch in den kommenden Jahrtausenden – immer noch lebendig und relevant ist und sein wird.

Das bringt uns zum letzten Teil dieses Referats. Wir werden nun untersuchen, welches die Herausforderungen der Evangelisierung im dritten Jahrtausend sein werden und wie wir Benediktinerinnen diesen Herausforderungen wirksam entsprechen können.

3. Benediktinerinnen und Evangelisierung im dritten Jahrtausend

In diesem Teil möchte ich einige Fragen stellen, ohne den Anspruch zu erheben, fertige Antworten zu haben.

Wir befinden uns heute in einer religiösen Situation, die extrem vielfältig ist und sich dauernd ändert. Gesellschaftliche und religiöse Realitäten, die einmal klar definiert waren, sind heute zunehmend komplex. Internationaler Terrorismus, äußerste Armut, Migration (darunter viele Flüchtlinge), wirtschaftliche Globalisierung, Säkularisierung der Werte, eine neue Moral ohne religiöse oder biblische Grundlagen: alle diese Phänomene stellen für die Evangelisierungsmission der Kirche im allgemeinen und für uns Benediktinerinnen im besonderen eine ernste Herausforderung dar.

Wie erhalten und wie fördern wir den guten Eifer angesichts all dieser Realitäten? Wie evangelisiert man Menschen, für die der Terrorismus ein Idol ist und die Selbstmordattentate als Heldentaten betrachten? Wie kann man den Prozeß der Globalisierung »evangelisieren«, so daß er wirklich zu einer Wohltat für die Armen wird? Wie »evangelisiert« man die gesellschaftlichen Kommunikationsmittel, so daß die übermittelten Werte mit dem Evangelium übereinstimmen? Wie bekämpfen wir die Säkularisation im privaten und im öffentlichen Leben? Wie fördern wir die Familie, die Keimzelle der Gesellschaft, so daß sie zum Sauerteig des Evangeliums in der Gesellschaft wird?

Diese Fragen, die unseren Glauben und unseren guten Eifer herausfordern, gehen die benediktinische Kommunität und jede einzelne Benediktinerin an. Wie tragen wir, als Benediktinerinnen und als monastische Gemeinschaften, erfüllt vom guten Eifer, wie der hl. Benedikt ihn verstand, zur Lösung der obengenannten Probleme bei?

Die obigen Fragen befassen sich alle mit Erneuerung. Es ist unsere Aufgabe, uns selbst zu erneuern, so daß wir in unserer Evangelisierungssendung glaubwürdig werden. Diese Erneuerung wird eines tiefgreifenden Umdenkens in Bezug auf feststehende Meinungen, Werte, Art der Beziehungen, des Handelns und des Lebensstils bedürfen.

Unser Heiliger Vater Johannes Paul II. mahnt: »Der Missionar muß ein ›in Beschaulichkeit Tätiger‹ sein.« Und er fährt fort: »Der Kontakt mit Vertretern der wichtigsten nichtchristlichen Traditionen ... hat mich darin bestärkt, daß die Zukunft der Mission großenteils von der Kontemplation abhängt. Wenn der Missionar nicht kontemplativ ist, kann er Christus nicht glaubwürdig verkünden.« (Redemptoris Missio 91)

Mitglieder des geweihten Lebens haben eine besondere Möglichkeit, ihrer Liebe zur Kirche und zur Welt Ausdruck zu geben: Wir können von unserem spirituellen Reichtum austeilen. Wir Benediktinerinnen sind Erbinnen einer reichen spirituellen Tradition. Wie übermitteln wir sie der Kirche und der Welt von heute?

Wir alle sind aufgerufen, Verkünderinnen zu sein (vgl. Mk 3,16 ff). Das Ziel unserer Evangelisierungssendung ist eine ganzheitliche Entwicklung des Menschen. Wir sind alle zu ganzheitlicher Evangelisierung aufgerufen.

Unsere erste Aufgabe ist es, eine Gemeinschaft von Jüngerinnen zu sein, eine anbetende Gemeinschaft, die gemeinsam die Eucharistie feiert, Zeugnis zu geben für christliches Leben und einer Menschheit, die dauernd bedroht ist von Egoismus, Rassenhaß und Terrorismus, eine Botschaft der Hoffnung und des Optimismus zu bringen.

Der gute Eifer befähigt uns zu einem radikalen Exodus aus unserem Egoismus sowie dazu, Gott einen Raum zu öffnen, damit er in unser Herz kommen kann. Wir strecken uns aus nach Gott in unserem Nächsten. Gott ist ganz und gar innerlich und ganz und gar anders. Um Gott zu lieben, müssen wir also andere und uns selbst lieben.

Wir können nicht evangelisieren, was wir nicht lieben. Wir müssen daher lernen, diese Welt mit all ihren positiven und negativen Seiten zu lieben. Denn so hat Gott die Welt geliebt, daß er ihr seinen einzigen Sohn sandte (vgl. Joh 3,16).

Diese Liebe ist sehr riskant. Anthony Giddens versichert, daß in dieser gefährlichen Welt, die auf eine unbekannte Zukunft zurast, die einzige Lösung ist, Risiken einzugehen: »Positives Eingehen von Risiken ist *die* Quelle der Energie, die in der modernen Wirtschaft Wohlstand schafft. ... Risiko ist die treibende Dynamis einer Gesellschaft, die dem Wandel unterworfen ist.« Das ist das Risiko der Liebe, das Risiko, für andere zu leben, die mich vielleicht nicht mögen oder mich mißverstehen, das Risiko, einem unbekannten Gott zu erlauben, mein Leben zu lenken.

Schluß

Evangelisierung im dritten Jahrtausend ruft nach begeisterten Frauen, die eine aktiv-kontemplative Präsenz leben und in unserer chaotischen Welt eine prophetische Stimme erheben können.

Wenn wir unsere Berufung als Christinnen, mehr noch als Benediktinerinnen wirklich voll leben könnten, würde das sehr viel ausmachen: Wir könnten für eine Welt, die nach einer sinnvollen Existenz sucht, eine »Gegenkultur« werden.

Ich könnte mir vorstellen, daß der hl. Benedikt, wenn er jetzt vor uns stünde, uns sagen würde: »Meine Töchter, bleibt ein Licht für die Welt.«

Aus dem Englischen übersetzt
von Johanna Ev. Isenbart OSB

ANMERKUNGEN

[1] Beda Venerabilis, Kirchengeschichte des englischen Volkes. Übers. von Günter Spitzbart. 2. Aufl. 1997. Vgl. Buch I,6.

Joanna Jamieson OSB

Guter Eifer und Gebet

Eines Nachts gegen Ende seines Lebens, bevor das Nachtoffizium begann, stand der hl. Benedikt am Fenster seiner Zelle, schaute hinaus und betete, während seine Mönche schliefen. »Während er mitten in dunkler Nacht hinausschaute, sah er plötzlich ein Licht, das sich von oben her ergoß und alle Finsternis der Nacht vertrieb. Es wurde so hell, daß dieses Licht, das in der Finsternis aufstrahlte, die Helligkeit des Tages übertraf. Etwas ganz Wunderbares ereignete sich in dieser Schau, wie er später selbst erzählte: Die ganze Welt wurde ihm vor Augen geführt, wie in einem einzigen Sonnenstrahl gesammelt.« (Dial. 35,2.3)[1]

Diese Geschichte aus den Dialogen des heiligen Gregor erzählt uns, daß Benedikt das Wort »das wahre Licht ... durch das alles lebt ... und aus dessen Fülle wir Gnade über Gnade empfangen« (Joh 1,9.10.16), als mystische Erfahrung erlebt hat. Unsere Berufung als Christen ist, die Herrlichkeit des Wortes zu sehen, »die Herrlichkeit des einzigen Sohnes vom Vater, voll Gnade und Wahrheit« (Joh 1,14). Als wir an die Tür des Klosters klopften, hatten wir vielleicht keine genaue Vorstellung von dem, was wir suchten, aber der Gott des Lichtes und der Liebe hat uns gerufen und hört nie auf, uns zu rufen »aus der Dunkelheit in sein wunderbares Licht« (1 Petr 2,4).

Bei diesem Symposium teilen wir miteinander unsere Erfahrungen mit dem Licht als gutem Eifer, dem Höhepunkt der Regel oder auch dem Schlüssel, mit dem wir die ganz Regel leben können. Jede unserer Referentinnen hat uns in das Licht der Liebe Christi geführt, in dem wir alle stehen, in der Hoffnung, daß uns sein Geist geschenkt werde, der uns lieben, dienen und beten läßt. Gregor stellt Benedikt in den Dialogen als einen Mann des Gebets dar, »der sich immer unter den Augen seines Schöpfers sah« (Dial. 3,7), der »den Geist des Einen« besaß, »der die Gnade der Erlösung schenkt und die Herzen aller Berufenen erfüllt«, indem er ihnen die Früchte seiner Erlösung gewährt (Dial. 8). Benedikt sagt uns: Was immer wir tun, wir müssen Gott zuvor beharrlich im Gebet bestürmen (vgl. RB Prol 4). Gute Werke sind Werke Gottes, nicht unsere eigenen.

In meinem Vortrag werde ich mich kaum direkt auf die Vorträge meiner Vorgänger beziehen. Meine Aufgabe war es, die kontemplative Dimension des guten Eifers zu beleuchten. Beim Meditieren der Unterlagen wurde ich immer und immer wieder zu den Quellen zurückgezogen, »dem gesegneten Geist des Gebets«[2]. Ich werde über das Gebet in der monastischen Tradition und der Tradition der englischen Mystik reflektieren und kurz aufzeigen, wie es uns den direkten Weg zu Gott, dem Ursprung allen guten Eifers und Leben spendender Beziehung, weist.

Lassen Sie uns jetzt zu Benedikts nächtlicher Vision zurückkehren.

In seinen Dialogen behandelt Gregor diese Geschichte wie ein Gleichnis. So erklärt er also Petrus, dem Diakon: »Wenn die Seele ihren Schöpfer schaut, ... wird ihr alles Geschaffene verschwindend klein. Denn im Licht innerer Schau öffnet sich der Grund des Herzens, weitet sich in Gott und wird so über das Weltall erhoben. ...Wenn das Licht Gottes sie über sich selbst hinausreißt, wird sie in ihrem Inneren ganz weit.« (Dial. 35,6) Das Gleichnis sagt uns etwas über das Gebet. Beten bedeutet, in das Licht Gottes erhoben werden, der seine ganze Schöpfung als »sehr gut« (Gen 1,31) betrachtet. In diesem einfachen Schauen wird die Schöpfung neu, sie wird eins – Gott ist in allen Dingen. Wie Mose beginnen wir, das verwandelte Licht widerzuspiegeln. Wir verstehen, warum Gott nach der Erschaffung der Welt »ruhte« und die Schönheit und Einheit dessen, was er gemacht hatte, betrachtete (vgl. Gen 2,2). Wir wissen, daß eben dieser sein betrachtender Blick uns am Leben erhält. Ohne ihn würde die Welt ins Nichts stürzen und ins leere Chaos zurückfallen:

»Verbirgst du dein Gesicht, sind sie verstört, nimmst du ihnen den Atem, so schwinden sie hin ... Sendest du deinen Geist aus, so werden sie alle erschaffen und du erneuerst das Antlitz der Erde.« (Ps 104,29f)

Benedikt selbst jedoch, ein weiser Mann, sagt nur wenige Worte zum Gebet. Seine erste Sorge ist praktischer Art. In einem Kloster muß es festgelegte, regelmäßige Zeiten für das Gebet geben, einen Raum fürs Gebet, Stille und Lectio als Vorbereitung auf das Gebet. Alle Elemente, die die monastische Conversatio bilden, sind dazu bestimmt, eine betende Haltung zu fördern. Die alten Mönche weisen auf einen Zustand des unablässigen Gebets hin, nicht darauf, andauernd Gebete zu sprechen. Wenn wir den mühsamen Weg der Askese, der Selbsterkenntnis, der Einsamkeit, der Gemeinschaft, des Gehorsams, der Beständigkeit und der Selbstlosigkeit gehen, bewirkt das die Offenheit für die Gnade des Gebets. In den Kapiteln 20 und 52 der Regel übernimmt Benedikt die Lehre von Cassian und den frühen Vätern. Um Kapitel 72 verstehen und leben zu können, müssen wir uns in dieser Gebetstradition auskennen. Sie spricht von *puritas cordis, intentio cordis, conpunctio cordis.*

In den fünf Versen des 20. Kapitels spricht Benedikt gleich dreimal vom lauteren Gebet, einem Gebet, das aus einem reinen Herzen kommt – *puritas cordis*: erfüllt von Gottes Liebe; *intentio cordis*: die Ausrichtung des Herzens auf Gott hin;

conpunctio cordis: Gebet aus einem Herzen, das sensibel ist für den »Stachel« des Geistes – Einsichten, die uns von Gleichgültigkeit und Verblendung befreien und unser Verlangen nach Gott erneuern.

Wir können einen Einblick in die Lehre des lauteren Gebets erhalten, wenn wir uns der Tradition der englischen Mystik zuwenden. Sie nennt Gebet »Arbeit«: mit einer »klaren Absicht« (*intentio cordis*), die Gott zugewandt ist. »Die Wolke des Nichtwissens« lehrt uns: »Willst du also stehen und nicht fallen, so schwäche die Stärke deines Willens niemals ab, sondern haue beständig mit dem spitzen Speer der sehnenden Liebe auf diese Wolke des Nichtwissens ein, die zwischen dir und deinem Gott hängt.« (Wolke 12)[3] Hier sind Willensstärke und Beharrlichkeit gefragt.

Benedikt reflektiert über die Zeit, die uns für unser Wachstum geschenkt ist. Er versichert uns, daß Gott Geduld mit uns haben wird, unsere Tage verlängern wird, damit wir uns an einem Leben in seiner Gegenwart erfreuen können (vgl. RB Prol 37). Die Mystiker sagen das Gleiche:

»Nichts ist kostbarer als die Zeit. In einem einzigen Augenblick kann man den Himmel gewinnen und verlieren. Es hat einen tieferen Sinn, daß die Zeit kostbar ist, denn Gott, der sie gibt, verteilt niemals zwei Augenblicke auf einmal, sondern einen nach dem anderen. Und dies tut Er, weil Er die Ordnung und den natürlichen Lauf Seiner Schöpfung nicht umstoßen will. Denn die Zeit ist für den Menschen geschaffen und nicht der Mensch für die Zeit. Daher will Gott, der Beherrscher der Natur, in der Zumessung der Zeit der natürlichen Regung in der menschlichen Seele nicht vorgreifen, denn eine solche Regung ereignet sich jeweils in einem einzigen Augenblick.« (Wolke 4)

Ein Zeichen für Wachstum im Gebet ist das Bewußtsein, daß es Gott ist, der in jeder Situation handelt, auch der beunruhigendsten und herausforderndsten, zusammen mit der Bereitschaft, »in Stille und Vertrauen« (Jes 30,15) zu antworten.

Das Thema, zu dem Benedikt am meisten zu sagen hat – Demut – hängt mit Wachstum im Gebet zusammen. Auf jeder der zwölf Stufen sind wir eingeladen, auf eine neue Ebene des Gottesbewußtseins und der Selbstlosigkeit zu gelangen. Auf der zwölften Stufe – unser ganzes Wesen ist von Gottes Gegenwart durchdrungen – haben wir »die vollendete Gottesliebe, die jede Furcht vertreibt« (RB 7,67; vgl. 1 Joh 4,18), erreicht. »Wir halten alles ganz mühelos, gleichsam natürlich und aus Gewöhnung ein, nicht mehr aus Furcht vor der Hölle, sondern aus Liebe zu Christus, aus guter Gewohnheit und aus Freude an der Tugend.« (Vgl. RB 7,68f)

Das Versprechen, das Benedikt am Ende seines Prologs macht, ist eingehalten worden. Durch die Kraft des Geistes haben sich unsere Herzen geweitet, und wir leben im Licht Christi mit unaussprechlicher Freude.

»Die Wolke des Nichtwissens« unterweist uns auf die gleiche Art über die Demut:

»Ziehe es daher vor, der du dich anschickst, ein Kontemplativer ... zu werden, dich eher durch den Gedanken an die wunderbare Erhabenheit und Größe Gottes, die vollkommen ist, zu demütigen, als durch das Bewußtsein deiner eigenen Elendigkeit, die unvollkommen ist ... Denn denen, die vollkommen gedemütigt sind, wird nichts mangeln, weder in leiblicher noch in geistiger Hinsicht; sie haben ja Gott, in dem die Fülle ist (vgl. Kol 2,9), und wer Ihn hat, braucht nichts anderes auf dieser Welt.« (Wolke 23)

Während unseres Lebens, wenn wir die zwölf Stufen immer und immer wieder beschreiten, dürfen wir nicht vergessen, daß es Gott ist, der uns lehrt zu beten. Wir müssen gelehrig sein und akzeptieren, daß Gott auf geheimnisvolle Art und

Weise lehrt. Seine Lehre muß unseren Geist beweglich machen, so daß wir ihn im leisen Windhauch genauso erkennen wie im majestätischen Sturm und Wirbelwind. Die »Wolke« sagt uns, daß wir zulassen müssen, daß der Heilige Geist uns im Gebet nach seinem Willen führt und an uns handelt.

»Sei du nur der Baum und laß es den Zimmermann sein; sei du nur das Haus und laß es den Hausherrn sein, der darin wohnt. Sei blind während der Dauer [dieses Werks] und entledige dich aller Wißbegierde, denn sie hindert mehr, als daß sie hilft. Es genüge dir, daß du dich von einem Etwas freudig bewegt fühlst, von dem du nicht weißt, was es ist; du weißt nur, daß du bei deiner Regung an nichts Geringeres als an Gott denkst und daß dein Verlangen bloß und unmittelbar auf Ihn gerichtet ist.« (Wolke 34)

Die monastische Tradition des Gebets ist verwurzelt in der Verpflichtung, »der Liebe Christi nichts vorzuziehen« (RB 4,21). Unser Gebet ist sein Gebet, sein Gebet ist unser Gebet, oder besser: wir bemühen uns, uns sein Gebet zu eigen zu machen. Im Evangelienbericht der Verklärung sehen wir seine *intentio cordis*. Dom Demetrius Dumm von der St. Vincent's Erzabtei in Latrobe warf bei Exerzitien für unsere Gemeinschaft einmal ein neues Licht auf diese Geschichte. Es war etwa so: Jesu Bewußtsein der Liebe des Vaters war so groß, daß selbst seine Kleider weißer leuchteten, so weiß »wie sie auf Erden kein Bleicher machen kann« (Mk 9,3) – er wurde zu makellosem Licht. In diesem Licht verstand er sich selbst als der Geliebte, und er erkannte, daß er seine Mission, sein Volk zu retten, nur durch Liebe und Selbstaufgabe erfüllen konnte. Und diese Erfahrung von Jesus müßte auch die unsere sein. Indem wir uns selbst im Gebet als Geliebte verstehen, würden wir unsere eigene Mission erkennen und sie »im unsagbaren Glück der Liebe« (RB Prol 49) erfüllen. Der Herr sagte einmal einer unserer englischen Mystikerinnen, Juliana von Norwich[4], im Gebet: »Es ist mir eine Freude, eine Seligkeit und eine unendliche Lust, daß ich das Leiden für dich erduldet habe, und wenn ich mehr leiden könnte, so würde ich es tun.« (Offenbarungen 12)

In unserer Zeit bedeutet die größte Herausforderung im Gebet wahrscheinlich, zu akzeptieren und zu glauben, daß wir Geliebte sind – so intensiv von Gott geliebt, daß der grausame Tod seines Körpers sich in Freude verwandelte, als er auf die Wunde in seiner Seite schaute und »einen guten und wunderbaren Ort sah, groß genug, um alle Menschen retten zu können, um in Frieden und Liebe zu ruhen« (Offenbarungen 13). In Wahrheit sind wir gerufen, nichts zu sehen als Jesus allein, unsere Augen unaufhörlich auf Jesus zu richten, um ihm zu ermöglichen, seine Erkenntnis und seine Gewißheit, der Geliebte zu sein, mit uns teilen zu können.

Der Apostel Barnabas ist uns als lebendiges Beispiel für diese innere Freiheit dargestellt worden, die von der Bereitschaft kommt, unser Menschsein der Führung Christi anzuvertrauen. Barnabas nahm seinen Frieden und seine Sicherheit aus der Gewißheit, persönlich von Gott erwählt und geliebt zu sein. Dies ist die Quelle des guten Eifers, die einzige unzerstörbare Quelle.

Unsere tiefste Sehnsucht ist, uns selbst von Gott geliebt zu wissen, so sehr, daß wir seine Liebe an andere weitergeben können. Damit sich diese Sehnsucht erfüllen kann, müssen wir unsere Augen, unsere Ohren und unser Herz am Anblick des demütigen Christus festmachen, der sich selbst für uns hingegeben hat:

»Er war Gott gleich, hielt aber nicht daran fest, wie Gott zu sein. Sondern er entäußerte sich und wurde wie ein Sklave und den Menschen gleich. Sein Leben war das eines Menschen; er erniedrigte sich und war gehorsam bis zum Tod, bis zum Tod am Kreuz.« (Phil 2,6ff)

Dazu sind auch wir berufen, in der Gemeinschaft, wo wir unter den Schwestern leben, für die Christus gestorben ist, und sind berufen, mit der Freude des guten Eifers diese sich selbst verschenkende Liebe nachzuahmen, die Christus zuerst in uns selbst erkennt und dann in unseren Mitmenschen, in welcher Verkleidung auch immer. Wir üben diese Liebe im Gebet aus: in der Liturgie, in der wir Christi Leib sind und mit ihm und durch ihn beten, und in unserem persönlichen Gebet, wenn wir »alle Menschen in Gott lieben wie uns selbst«. Die »Wolke« erklärt das im kontemplativen Gebet:

»Für den, der in diesem Werk vollkommen wirkt, ist ein Mensch wie der andere, mag er nun verwandt oder fremd, Freund oder Feind sein; denn für ihn ist jeder Mensch in gleicher Weise mit ihm verwandt und keiner fremd. Alle Menschen erscheinen ihm als Freunde und keiner als Feind. Das geht so weit, daß er alle, die ihn kränken und ihm ein Leid zugefügt haben, als seine ganz besonderen Freunde betrachtet und daß es ihm vorkommt, als werde er dazu bewegt, ihnen ebenso viel Gutes zu wünschen wie seinem innigsten Freund.« (Wolke 24)

Dieses Gebet ist von seinem Wesen her die kraftvollste Art der Evangelisierung.

»Allen Menschen auf der Erde ist dieses Werk eine wundersame Hilfe, auch wenn du nicht weißt, warum. Ja sogar den Seelen im Purgatorium wird Erleichterung von ihrer Pein durch dieses Werk zuteil.« (Wolke 3)

In einem solchen Gebet sind wir in Seele und Geist eins mit Christus, durch den heiligen Geist in der Liebe des Vaters. Das ist die Vollendung des guten Eifers. Denn, wie Johannes Cassian schreibt:

»Dies wird geschehen, wenn all unser Lieben, Sehnen und Mühen, unser Suchen und Denken, was wir leben, sprechen und atmen, Gott sein wird, und jene Einheit, die der Vater mit dem Sohn und der Sohn mit dem Vater hat, in unseren innerlichsten Sinn ausgegossen ist. Dann nämlich, wenn, wie er uns in schlichter, lauterer und unlöslicher Liebe liebt, auch wir mit ihm immerfort und nie getrennt in Liebe in eins verbunden sind, so daß unser Atmen, Erkennen und Sprechen Gott ist.« (Coll. X,7,2)[5]

Kardinal Hume nahm in seiner Eigenschaft als Abt von Ampleforth das Bild der *kenosis* Christi im Philipperbrief und übertrug es auf die praktischen Herausforderungen des Gemeinschaftslebens. Er meinte, daß die größte Selbstverleugnung darin besteht, sich in einer Zeit, in der uns Selbstkritik und ständiges Infragestellen darauf vorbereiten, uns nur bedingt auf etwas einzulassen, mit Begeisterung in das monastische Leben und Arbeiten zu stürzen. Solch eine *kenosis* beinhaltet, daß wir aus uns herausgehen und uns gegenseitig ermutigen und uns ein Beispiel sind. Die Auswirkungen dieser Selbsthingabe, die uns etwas kostet, reichen weit über die Grenzen der Gemeinschaft hinaus. Basil Hume schließt daraus:

»Uns zu verleugnen und in das Verlangte hineinzuwerfen mit ungeteiltem Herzen und Begeisterung – selbst wenn es noch geistige Vorbehalte bei uns gibt –: das scheint mir *kenosis*, Selbstentleerung zu sein. Und diese Eigenschaft wird von uns verlangt in der Kirche von heute.«[6]

Basil Hume benutzt das Wort »Begeisterung« hier in seiner ursprünglichen Bedeutung aus dem Griechischen *entheos,* »von Gott besessen«. Wir wissen, daß Klöster nicht allein durch emotionale »Höhen« überleben können, aber diese Begeisterung kommt vom Heiligen Geist, der in uns und durch uns wirkt. Thomas Merton bekräftigt diesen Glauben nach vielen Jahren monastischen Lebens folgendermaßen:

»... Denn jetzt bin ich ein erwachsener Mönch und habe für nichts anderes Zeit als für das Wesentliche. Das einzig Wesentliche ist nicht eine Idee oder ein Ideal, es ist Gott allein, den man nicht findet, indem man die Gegenwart gegen die Zukunft oder die Vergangenheit abwägt, sondern nur, indem man sich in das Herz der Gegenwart sinken läßt, so wie sie ist.«[7]

Wenn wir uns heute in der Aula von Sant'Anselmo in die Gegenwart sinken lassen, sehen auch wir eine Vision, einen Lichtstrahl, einen Regenbogen[8]. Er steht für Gottes ewigen Bund mit dem alten Volk Israel, der verspricht, seine Schöpfung niemals im Chaos versinken zu lassen, und er weist auch auf den neuen Bund:

»Ich lege meine Gesetze in ihr Inneres hinein
und schreibe sie ihnen in ihr Herz.
Ich werde ihr Gott sein
und sie werden mein Volk sein.«

(Hebr 8,10, Zitat aus Jer 31,33)

Dieser Regenbogen aus Papier ist auch Zeichen und Frucht des guten Eifers – des Eifers der vielen, die dieses Symposium vorbereitet haben. Als ich vor 18 Monaten gebeten wurde, ein Hintergrundbild für dieses Symposium zu gestalten, das den guten Eifer darstellt, war ich ratlos! Ein chaotischer Augenblick.

Ich verabredete mich mit Sr. Aquinata. Ich wollte herausfinden, wie sie ihren Studenten beibringt, was guter Eifer bedeutet. Sie erklärte mir, wie sie es anhand von Farben deutlich macht, den Farben des Regenbogens, und mir war sofort klar, daß unser Hintergrundbild nur ein Regenbogen sein konnte.

Wie die monastische Tradition des Gebets, so ist auch das Phänomen des Regenbogens eingehend studiert und beschrieben worden. Seine Quelle ist reines Licht. Reines Licht ist weiß und kommt zu uns in Form von geraden, parallelen Strahlen direkt aus der Sonne. Durch die Reflexion und Brechung der weißen Strahlen durch die vielen Wassertropfen, die in Form von Regen auf die Erde fallen, entstehen die Farben des Regenbogens. Der Regenbogen ist nur sichtbar, wenn die Sonne in unserem Rücken ist. Er ist kein »Gegenstand« am Himmel. Er ist eine private und persönliche Wahrnehmung. Wenn zwei Menschen nebeneinander stehen, sieht jeder seinen eigenen Regenbogen. Der Regenbogen ist ein Abbild der Sonne, deren Strahlen – von Regentropfen gebrochen – in das Auge des Menschen gelenkt werden.

Hier haben wir ein anderes Gleichnis. Jeder Regenbogen ist ein Bild für Gemeinschaft. So wie der Regenbogen nur sichtbar ist, wenn die Sonne in unserem Rücken ist, so können wir die Gemeinschaft nur sehen und ihr so, wie sie ist, dienen, wenn Christus unsere »persönliche Mitte« ist. Unsere Augen müssen an seinen ausgerichtet werden, die »mit der Flamme der Liebe brennen« (vgl. Offb 1,14). Die unzähligen Wassertropfen und das volle Spektrum der Farben, die den einen Bogen bilden, sind ein perfektes Bild für Gemeinschaft.

Aber es kann noch mehr über den Regenbogen gesagt werden. Wie Salomo sagt: »Von der Größe und Schönheit der Geschöpfe läßt sich auf ihren Schöpfer schließen.« (Weish 13,5) Der Regenbogen steht für Christus, das Abbild des Vater, Licht vom Licht, Licht der Welt, dessen Leib für uns gebrochen wurde (vgl. 1 Kor 11,24). In der Brechung des Lichtes wird er zu unserem Bund mit dem Vater.

Die endgültige eschatologische Gemeinschaft der Liebe ist eine Gemeinschaft, die alles teilt, eine Gemeinschaft der völligen Offenheit und Gegenseitigkeit, in der mein ganzes Wesen, mein ganzes Ich auf andere ausgerichtet ist und auf den Dienst an anderen, und seine vollendete Freude findet im Geben und in der Selbsthingabe. Die Gemeinschaft ist nicht statisch, sondern ständig in Bewegung, mit Interaktion, Anerkennung und Kameradschaft. Durch Christus wird Gemeinschaft ständig erschaffen.

Das ist der Grund, warum die Grundlage das Gebet sein muß: Nur die Liebe Christi hat die Macht, uns frei zu machen, damit wir wir selbst sein können. Die Erklärung von Dom Richard Byrne wird ein Echo in unseren Herzen finden:

»Als Christ strebe ich nach einem Leben im steten Gebet, weil ich zu einem Leben in unaufhörlicher Liebe gerufen bin. Lieben kann ich nicht aus eigener Kraft. Meine Erfahrung von Sünde und Schwachheit ist die Erkenntnis meiner absoluten Unfähigkeit zu lieben. Mir selbst überlassen, fehlt mir schmerzlich die Liebe zu Gott und meinem Nächsten. Deshalb wünsche ich mir Liebe, denn ich brauche Liebe zu jeder Zeit meines Lebens. Mein stetes Gebet ist mein unaufhörlicher Wunsch nach Liebe: nach der Liebe, die durch den Heiligen Geist, der uns geschenkt ist, ausgegossen wird in unsere Herzen (vgl. Röm 5,5). Stetes Gebet ist der tatsächliche oder virtuelle Ausdruck meiner Sehnsucht nach dem Geschenk der Liebe Gottes, wodurch ich wiederum ihn lieben kann und seinen Willen im Sakrament des gegenwärtigen Augenblicks tun.«[9]

Dort ist unser Regenbogen. Wir vertrauen darauf, daß wir im Zusammenspiel von Gebet und Gemeinschaftsleben durch Christus »gemeinsam zum ewigen Leben« (RB 72,12) geführt werden.

In der ewigen Stadt Jerusalem, die nur von der strahlenden Herrlichkeit Gottes erhellt wird, wird sein Thron von einem Regenbogen eingerahmt. Dort wird die ganze Schöpfung in Liebe erneuert. Jeder der Gesegneten wird die Frucht der Liebe sehen – jeder wird die Liebe erkennen, die er dem anderen schuldig ist – Wunder jenseits unserer Vorstellungskraft in diesem Leben. Aber im nächsten Leben, so versichert uns die hl. Thérèse von Lisieux, werden wir verstehen, denn »im Himmel«, so sagt sie uns, »wird man keinem mit gleichgültigen Blicken begegnen; denn alle Auserwählten werden erkennen, daß sie einander die Gnaden verdanken, die ihnen die Krone verdient haben. ...Wie gut wird man sehen, daß alles vom lieben Gott kommt«[10].

Aus dem Englischen übersetzt von Iris Guntermann

ANMERKUNGEN

1 Gregor der Große, Der hl. Benedikt. Buch II der Dialoge. Lat./dt. Hrsg. i. Auftr. d. Salzburger Äbtekonferenz. St. Ottilien 1995, (Dial.).

2 Gebet von Augustine Baker: Möge der gesegnete Geist des Gebetes auf uns allen ruhen.

3 Die Wolke des Nichtwissens, hrsg. von Wolfgang Riehle. Einsiedeln 1983, (Wolke).

4 Lady Julian of Norwich, Offenbarungen von göttlicher Liebe. Übers. von Elisabeth Strakosch. Einsiedeln 1960. (Sigillum 17), (Offenbarungen).

5 Dt. Übersetzung in: Emmanuel von Severus, Das Glutgebet. Düsseldorf 1966, S. 75.

6 Basil Hume, Gott suchen. Einsiedeln 1979, S. 30.

7 Thomas Merton, Das Zeichen des Jona. Einsiedeln 1954, S. 340 f.

8 Das Vortragspodium in der Aula von Sant'Anselmo wurde überwölbt von einem großen leuchtenden Regenbogen. Äbtissin Joanna hatte ihn unter Mithilfe eines befreundeten Künstlers gestaltet.

9 Richard Byrne OCSO: Living the Contemplative Dimension of Everyday Life (Master's thesis), Arundel: als Ms. gedr., S. 278.

10 Hans Urs von Balthasar, Thérèse von Lisieux – Geschichte einer Sendung. Köln 1950, S. 181.

Lucia Wagner OSB

Eindrücke vom C.I.B.-Symposium 2002

»Man muß einen Schritt vorwärts tun,
wenn der Herr einen Lichtfleck zeigt,
wohin man den Fuß setzen kann.«

»Willkommen in *meinem* Haus, willkommen in *Ihrem* Haus« – so hatte Abtprimas Notker Wolf die Gruppe der zum Symposium der Communio Internationalis Benedictinarum (C.I.B.) in Sant'Anselmo aus aller Welt zusammengekommenen Benediktinerinnen begrüßt. Sant' Anselmo, seit 1893 zentraler Ort für die Confoederatio Benedictina und alle Männerklöster, wurde in diesen Tagen auch den Frauenklöstern zum »Zuhause«.

Die C.I.B. ist der weltweite Zusammenschluß der Benediktinerinnen, der, seit Ende der Achtzigerjahre langsam gewachsen, immer deutlichere Struktur angenommen hat und seit 2001 einen eigenen Namen führt: Communio Internationalis Benedictinarum. Vom 4. bis 11. September 2002 fand nun das erste Symposium der C.I.B. in Rom statt. Thema war das 72. Kapitel der Benediktsregel: »Der gute Eifer in der Werkstatt des Klosters«. Dieser gute Eifer bestimmte nicht nur thematisch unsere Tage, er war spürbar in allem, was wir miteinander taten, in unseren Gottesdiensten, im Einanderkennenlernen, Aufeinanderzugehen und Zueinanderfinden, in unseren Gruppengesprächen und im persönlichen Austausch, im Miteinander von auf ein langes benediktinisches Leben zurückblickenden erfahrenen Frauen und solchen, die noch vom »Anfangseifer« beflügelt waren, der gute Eifer war spürbar bei den Besuchen an den benediktinischen

»Urstätten« Subiaco und Montecassino und auch im Erleben der spirituellen Ausstrahlung unseres ganz vom Geist geprägten Papstes, Johannes Paul II., in seiner Audienz am 11.9., dem ersten Jahrestag des Terrorangriffes auf das World Trade Center in New York.

Es waren rund hundert Benediktinerinnen aus aller Welt zusammengekommen, Äbtissinnen und Priorinnen, erstmals aber auch eine Gruppe sogenannter »junger Schwestern«; jede der 19 Regionen der C.I.B. hatte zusätzlich eine Benediktinerin schicken können, deren ewige Gelübde nicht mehr als fünf Jahre zurücklagen. Aus unserer Region (06) kamen acht Teilnehmerinnen, die Äbtissinnen bzw. Priorinnen der Klöster Berlin-Alexanderdorf, Köln, Maria Rickenbach (CH), Marienrode, St. Gallenberg, Glattburg (CH), Steinerkirchen (A) und Venio. Das Los, durch das die junge Schwester der deutschsprachigen Region bestimmt wurde, traf St. Lioba, Freiburg, was als Jubiläumsgeschenk angesehen werden kann, da die Gemeinschaft in diesem Jahr ihr 75jähriges Bestehen feierte.

Die ersten vier Tage waren geprägt von Referaten zum Thema, dargeboten von Referenten/innen, die aus allen fünf Kontinenten kamen, was hieß, daß Erfahrungen benediktinischen Mönchtums aus allen Erdteilen zur Sprache kamen. Den Auftakt gab Sr. Aquinata Böckmann OSB (Tutzing/Rom) in altbewährter Art mit einer strukturellen Analyse von RB 72. Jede von uns hatte nach ihrem Vortrag ein farbenfrohes Textblatt vor sich, wo die einzelnen sich entsprechenden Worte und Sinnzusammenhänge mit Buntstiften augenfällig herausgearbeitet waren, eine »einleuchtende« Grundlage für Weiteres.

Das konkrete Leben ihrer Schwestern aufgreifend, entwickelte M. Henriette Wendbala Kalmogo, Äbtissin der Benediktinerinnen in Koubri, Burkina Faso, einem erst vor 40 Jahren von Valognes (Frankreich) aus gegründeten Kloster, ein äußerst eindrückliches Bild vom guten Eifer, wie er im Leben der relativ jungen Klöster in Westafrika zu erfahren ist; sie zeigte das Feuer, das in der Gründerinnengeneration brannte und auch heute noch die Lebenspraxis in den Klöstern bestimmt; und entwickelte, wie das Erbe der lokalen Kultur und das monastisch-benediktinische Erbe zusammengefügt wurden; wie es gestern, heute und morgen vor allem darum gehen soll, die Glut zu bewahren, »der Liebe zu Christus nichts vorzuziehen«, diese Liebe Tag für Tag in die Praxis gelebten Lebens umzusetzen.

Wie gut schloß sich daran das Referat von Abt Jerome Kodell, New Subiaco (USA), an, das die asketische Dimension des Gemeinschaftslebens beleuchtete, die Dynamik des Fortschreitens im guten Eifer zum Thema hatte. Ziel des guten Eifers, der Askese seien nicht Disziplin oder Selbstkontrolle, sondern ein liebendes Herz und Freiheit, innere Freiheit als Frucht menschlicher Reife. Christliche, monastische Askese habe einzig das »Ziel, uns zu wahrer Freiheit zu bilden: Gott als unseren Herrn zu wählen, die Ketten anderer Herren zu lösen, um Gott umarmen zu können und seine Gebote, und dann frei zu leben nach der inneren Richtschnur, die wir gewählt haben«. In diese Richtung ist der Mönch, ist die Schwester unterwegs, immer fortschreitend; denn »wir gehen ins Kloster, um verändert zu werden«.

Ebenso bei Entwicklung und Wachstum setzte Sr. Sonia Wagner aus Australien, die Generaloberin der Benediktinerinnen vom Guten Samariter, in ihrem Referat an, indem sie die innere Dynamik der monastischen Lebensform ins Auge faßte: daß monastisches Leben Leben in Beziehung ist, und nachfragte, wie jemand auf dem benediktinischen Weg über echte Beziehungen zur Liebe wachsen könne, und daran anschließend weiterfragte, was eine gotterfüllte zölibatäre Lebensform unserer Welt heute aufzeigen könnte.

Der Generalpriorin der benediktinischen Schwestern vom Eucharistischen König, Sr. Miriam Alejandrino (Philippinen), war »Evangelisierung und guter Eifer« als Thema gestellt. Sie untersuchte und befragte in ihrem Referat die Denkmuster der gesellschaftlichen Situation heute, unsere benediktinische Praxis und die kirchliche Lehre. Ihr Schluß: der Ruf nach einer christlichen, benediktinischen »Gegenkultur«: »Evangelisierung im dritten Jahrtausend ruft nach begeisterten Frauen, die eine aktiv-kontemplative Präsenz leben und in unserer chaotischen Welt eine prophetische Stimme erheben können.«

Das Abschlußreferat hielt M. Joanna Jamieson, Äbtissin von Stanbrook (GB). Sie sprach über die kontemplative Dimension des guten Eifers, das Gebet – Gebet in der monastischen Tradition und in der Tradition der englischen Mystik – und zeigte auf, wie Gebet uns den direkten Weg zu Gott, dem Ursprung allen guten Eifers und Leben spendender Beziehung, weist. »Guter Eifer und Gebet – dazwischen spannt sich der Regenbogen«, so lautete ihr Titel. Von M. Joanna nämlich stammte auch das Hintergrundbild unseres Symposiums, der lichte Regenbogen, der sich über das Podium in der zur Aula umfunktionierten Kirche von Sant' Anselmo spannte, Zeichen für Gottes Bund mit den Menschen, Abbild auch für unsere Gemeinschaften. Unter diesem Bogen, der letztlich für Christus, das Licht der Welt, stand, durften wir tagen.

Zum ersten Verarbeiten der meist sehr dichten Vorträge war jeweils eine Zeit persönlicher Reflexion vorgesehen. Dann ging es mit vorbereiteten Fragen ins Gespräch in kleinere, möglichst international zusammengestellte Gruppen. Eine große Vielfalt benediktinischen Lebens wurde da sichtbar, teils wurden auch recht unterschiedliche Positionen bezogen, trotzdem aber kam es wohl in allen Gruppen zu einem sich gegenseitig befruchtenden Austausch und viel spürbarer Dankbarkeit füreinander.

In Rom konnte freilich nur ein Anfang des Verarbeitens gemacht werden, dieses geht nun weiter in den einzelnen Kommunitäten.

Verschiedene regionale Beiträge an den Nachmittagen des Symposiums, von Sr. Angelica Leviste (Manila) mit viel Engagement koordiniert, machten die bunte Vielfalt benediktinischen Lebens in allen Erdteilen konkret sichtbar: in liturgischen und volkstümlichen Tänzen, in Gesängen, in getanztem Gebet, in Bildern, in kleinen Theaterstücken und in vielem anderen mehr bis hin zu miteinander geteiltem Brot und nationalen Gebäcksorten. Welcher Reichtum! Nicht zu vergessen: RB 72 als Tanz (Schattenspiel) und der von den jungen Schwestern als Dank zum Abschluß dargebotene Lichtertanz zum Gesang des »Veni Sancte Spiritus«, dem Gebet, das uns seit Beginn des Symposiums begleitete.

»Ist es nicht wunderbar?«, wurde ich gefragt, »M. Máire hatte einmal mit einigen anderen eine Vision, und die ist Wirklichkeit geworden in der C.I.B.«. Ja, die Sache der benediktinischen Frauen ist ein gutes Stück vorangekommen. Manche mögen sich, was die Struktur der Vereinigung der Benediktinerinnen betrifft, mehr Selbständigkeit erwartet haben. Dafür scheint die Zeit nicht reif. Freuen wir uns über das Mögliche, bauen wir weiter entsprechend dem Wort der Gründeräbtissin von Koubri: »Man muß einen Schritt vorwärts tun, wenn der Herr einen Lichtfleck zeigt, wohin man den Fuß setzen kann.«

Zu den Autorinnen und Autoren

Priorin Miriam Alejandrino OSB

(Benedictines of the Eucharist King, Congregation General House, #30 Ignacio Santos Dias St., 1109 Cubao, Quezon City, Philippines)

Geboren 1952. Sr. Miriam machte 1984 ewige Profeß als klausurierte benediktinische Nonne, übertrug diese dann 1987 auf die neu entstandenen benediktinischen Schwestern vom Eucharistischen König. – Bis 1992 Studien in S. Anselmo und am Biblicum, Rom; dann Unterricht am Regionalen Großen Seminar von Mindanao und an der Universität der Jesuiten in Davao City; 1995–98 in Rom Promotionsstudium in biblischer Theologie, Abschluß mit Dr. theol. an der Päpstlichen Universität Gregoriana. Nach kurzer Zeit als Oberin der jungen Kommunität der Schwestern in Tabgha, Israel, wurde sie 2000 zur Generalpriorin der Gemeinschaft gewählt.

Sr. Aquinata Böckmann OSB

(Benedettine Missionarie di Tutzing, Casa Generalizia »Santo Spirito«, Via dei Bevilacqua 60, I-00163 Roma)

Geboren 1937. Studium der Theologie, 1972 Promotion zum Dr. theol. in Münster. – 1962 Profeß in der Gemeinschaft der Missions-Benediktinerinnen in Tutzing. Seit 1974 Professorin am Monastischen Institut, in S. Anselmo und an der Universität Regina Mundi in Rom. Leitet Seminare über die Regel Benedikts und gibt Einkehrtage für Benediktinerinnen und Benediktiner in allen Teilen der Welt. Seit 1997 vertritt sie die A.I.M. (Alliance Inter Monastères) innerhalb der Kommission der Benediktinerinnen, jetzt C.I.B.

Äbtissin Máire Hickey OSB

(Abtei St. Scholastika, D-49413 Dinklage)

Geboren 1938 in Dublin. Studierte Alte Sprachen und Philosophie, Abschluß Dr. phil. – 1974 Eintritt in das Kloster St. Scholastika in Dinklage, seit 1983 dort Äbtissin. Als Vorsitzende der VBD (Vereinigung der Benediktinerinnen im deutschsprachigen Raum) wurde sie Mitglied in der Kommission der Nonnen beim Abtprimas. Seit 1997 Moderatorin des weltweiten Verbands der Benediktinerinnen, bis 2002 der Kommission der Benediktinerinnen beim Abtprimas, im September 2002 für die C.I.B. wiedergewählt für eine weitere Amtszeit von vier Jahren.

Äbtissin Joanna Jamieson OSB

(Stanbrook Abbey, Callow End, Worcester, WR2 4TD, England)

Geboren 1935. Studien an der Glasgow School of Art. – 1956 Eintritt in Stanbrook, 1961 feierliche Profeß. Seit 1983 (mit Wiederwahl 1995) Äbtissin. In einer noch nie vorher erlebten ökumenischen Geste ernannte sie der Anglikanische Bischof von Worcester Cathedral 2001 zum Ökumenischen Ehren-Domherrn. Äbtissin Joanna ist in der C.I.B. Konferenzdelegierte für Großbritannien und Irland. Bis September 2002 war sie Mitglied des Administrativrats.

Abt Jerome Kodell OSB

(Subiaco Abbey, Subiaco, AR 72865, USA)

Geboren 1940. Profeß 1959 in der Abtei Subiaco, AR, USA. Mehrjährige Studien in Rom in S. Anselmo und am Päpstlichen Bibelinstitut. Von 1975–87 war er Novizenmeister, 1987–89 war er mit der Gründung des Klosters der Heiligen Familie in Belize, USA, beauftragt. Seit 1989 Abt von Subiaco.

Priorin Lucia Wagner OSB

(Kommunität Venio OSB, Döllingerstr. 32, D-80639 München)
Geboren 1938. Studium der Germanistik und Theologie, Abschluß Dr. phil. Langjährige Tätigkeit im wissenschaftlichen Dienst der Bayerischen Staatsbibliothek München. 1965 Profeß in der benediktinischen Kommunität Venio, von 1972–93 Magistra, 1993 zur Priorin gewählt. Stellvertretende Vorsitzende der VBD (Vereinigung der Benediktinerinnen im deutschsprachigen Raum). Innerhalb der C.I.B. seit 1999 Konferenzdelegierte für die deutschsprachige Region (Deutschland, Österreich, Schweiz, Skandinavien, Südtirol).

Priorin Sonia Wagner OSB

(Good Samaritan Offices, Toxteth House, 1A Harris Road, Five Dock NSW 2046, Australia)
Geboren 1944. Nach ihrer Profeß in der Kongregation der Schwestern vom Guten Samariter in Australien Ausbildung als Lehrerin und Unterricht an verschiedenen Gymnasien ihrer Gemeinschaft in Queensland und New South Wales, später im pastoralen Dienst und in der Erwachsenenbildung tätig. 1993 zur Generalpriorin der Benediktinerinnen vom Guten Samariter gewählt, 1999 wiedergewählt. Die Gemeinschaft hat Missionskommunitäten überall in Australien und in Japan, auf den Philippinen, in Kiribati im Zentralpazifik und in Osttimor. Sr. Sonia ist Stellvertretende Vorsitzende der Kommission für die Australischen Katholischen Frauen (CACW) und innerhalb der C.I.B. Konferenzdelegierte für Ozeanien.

Priorin Henriette Wendbala Kalmogo OSB

(Notre Dame de Koubri, Ouagadougou 01, Burkina Faso)
Geboren 1951. Sie legte 1977 die Profeß ab im Kloster Unserer Lieben Frau von Koubri, Burkina Faso, das erst 15 Jahre vorher

von Kloster Valognes in Frankreich gegründet worden war. Wahl zur Priorin 1991. Sie ist seit 1998 innerhalb der C.I.B. Konferenzdelegierte für Zentral- und Westafrika sowie Madagaskar.

Redaktionelle Anmerkung

Einige der hier veröffentlichten Vorträge wurden für die Drucklegung von den Referentinnen nochmals überarbeitet. Die Texte entsprechen aber im wesentlichen den in Rom vorgetragenen.

Für die deutschsprachige Publikation der Referate des Symposiums wurden Zitate aus Quellen und Werken, die (auch) in deutscher Sprache vorliegen, nach diesen Ausgaben überprüft und nach Möglichkeit im Zitat übernommen. Für diese zum Teil sehr mühevolle Arbeit und für die kundige technische Aufbereitung des Gesamttextes für den Druck danke ich Schwester Felicitas Seisenberger OSB, Venio, ohne deren Einsatz die Veröffentlichung nicht möglich gewesen wäre.

Dem Vier-Türme-Verlag, insbesondere Herrn Andreas Wagner, sei gedankt für die gute und unkomplizierte Zusammenarbeit.

L.W.

Anselm Grün

Wenn du Gott erfahren willst, öffne deine Sinne

Halbleinen, 184 Seiten
ISBN 3-87868-159-3

Wie können wir heute Gott erfahren?

»Wenn du Gott erfahren willst, öffne deine Sinne«, antwortet Anselm Grün. Wer seine Sinne schärft für das, was um ihn geschieht, der erfährt Gott: »Gott zeigt sich uns und spricht zu uns. Er läßt sich betasten, schmecken und riechen.«

Ein Buch, das zum Leben auffordert.

Vier-Türme-Verlag
97359 Münsterschwarzach Abtei
Telefon 0 93 24 / 20-292 Telefax 0 93 24 / 20-495
Bestellmail: info@vier-tuerme.de
www.vier-tuerme.de

Anselm Grün

Der Weg durch die Wüste

40 Weisheitssprüche der Wüstenväter

Halbleinen, 104 Seiten
ISBN 3-87868-271-9

Die Sprüche der Wüstenväter handeln von Dämonen und Engeln, vom Kampf mit den Leidenschaften und dem Erlangen inneren Friedens, von Schuld, Haß und Liebe.
Anselm Grün legt die in ihnen verborgene Weisheit frei: Sie lehren den Weg zu einer Freiheit des Geistes, ohne die selbstbestimmtes Leben nicht möglich ist.

Mauritius Wilde

Der spirituelle Weg

Die Entwicklung des Benedikt von Nursia

Broschiert, 100 Seiten
ISBN 3-87868-630-7

»Freedom is just another word for nothing left to lose.« (Janis Joplin) Benedikt von Nursia ist einer der bedeutendsten spirituellen Meister in der Geschichte des Christentums. Sein Leben ist der Inbegriff einer gelungenen menschlichen Entwicklung: Die Loslösung von den Eltern, die Emanzipation von der Gesellschaft und der eigenen Glaubensgemeinschaft, sein Umgang mit Sexualität und Macht: mit all diesen Herausforderungen des Lebens ist er auf faszinierende Weise umgegangen.